幼儿园

语言活动
这样做

陈定儿◎主编

华东师范大学出版社
·上海·

图书在版编目（CIP）数据

语言活动这样做 / 陈定儿主编. —上海：华东师
范大学出版社，2015.2
（幼儿园教师胜任力培训丛书）
ISBN 978-7-5675-3162-8

Ⅰ.①语…　Ⅱ.①陈…　Ⅲ.①语言教育—教学研究—
学前教育　Ⅳ.①G613.2

中国版本图书馆CIP数据核字（2015）第042329号

语言活动这样做

主　　编　陈定儿
责任编辑　蒋　将
审读编辑　陈晓红
责任校对　邱红穗
版式设计　孔薇薇
封面设计　卢晓红

出版发行　华东师范大学出版社
社　　址　上海市中山北路3663号　邮编 200062
网　　址　www.ecnupress.com.cn
电　　话　021-60821666　　行政传真 021-62572105
客服电话　021-62865537　　门市（邮购）电话 021-62869887
地　　址　上海市中山北路3663号华东师范大学校内先锋路口
网　　店　http://hdsdcbs.tmall.com/

印 刷 者　常熟市文化印刷有限公司
开　　本　787毫米×1092毫米　1/16
印　　张　16
字　　数　301千字
版　　次　2015年8月第1版
印　　次　2022年11月第7次
书　　号　ISBN 978-7-5675-3162-8/G·8006
定　　价　42.80元

出版人　王　焰

FOREWORD
前言

　　本书收录的活动案例，是由一群爱上课且对幼儿语言活动情有独钟的老师们在近年来的研讨中逐渐积累而成的。

　　本书收录的活动案例，大都是以文学作品（绘本）作为主要素材展开的。因为绘本对于孩子的发展具有十分重要的价值。通过对绘本的阅读，幼儿不仅能够感知、学习成熟而规范的语言，而且还能获得认知、情感、思维等多方面的发展。因此，绘本是语言教育活动的重要载体，也是教师选择语言活动内容时的重点对象。

　　由于活动内容的不同，老师们在活动中的价值定位、方法运用等亦会有所不同。因此，我们在编排时将活动案例分成侧重于倾听表达、阅读理解、情感体验的活动以及活动中的提问与回应这四个块面。这样编排的目的：一是希望教师在活动中能关注语言教育活动的目标要素，关注幼儿在活动中的体验以及师幼间的良好互动等，以增强活动的有效性；二是以"侧重于"为主的提法，旨在使大家明确活动的重点是相对的，从而能更为全面地去理解、去尝试，发挥案例的整体效应。

　　当然，幼儿语言活动的样式应是十分多元的，本书所收录的案例，仅呈现了冰山一角。希望本书的出版能引发更多教师的研究热情，也期待今后能有更多不同样式语言活动内容的出现，使幼儿园语言活动更加缤纷多彩。

目录 CONTENTS

目录 CONTENTS

三、侧重于情感体验的活动

目录 CONTENTS

侧重于
倾听表达的
活动

学习《指南》精神，有效开展幼儿语言教育活动

——也谈《指南》背景下幼儿语言听说能力的培养

陈定儿

一、幼儿语言教育中我们面临的问题

问题1：何谓语言？语言对于幼儿而言，意味着什么？

问题2：幼儿的语言能力从何而来？

问题3：在幼儿语言能力的发展过程中，教师该做些什么？

二、《指南》向我们传递的信息

2012年，教育部颁布的《3—6岁儿童学习与发展指南》以下简称《指南》，言简意赅地提出了以下内容：

（一）为什么要重视幼儿的语言教育

《指南》中强调，"语言是交流和思维的工具。幼儿期是语言发展，特别是口语发展的重要时期。幼儿语言的发展贯穿于各个领域，也对其他领域的学习与发展有着重要的影响：幼儿在运用语言进行交流的同时，也在发展着人际交往能力、理解他人和判断交往情境的能力、组织自己思想的能力。通过语言获取信息，幼儿的学习逐步超越个体的直接感知"。

（二）幼儿语言教育的目标与内容

《指南》在幼儿语言教育领域，提出了两大学习与发展目标。其中，在"倾听与表达"方面，提出了"认真听并能听懂常用语言；愿意讲话并能清楚地表达；具有文明的语言习惯"这3个目标；在"阅读与书写准备"方面，则提出了"喜欢听故事、看图书；具有初步的阅读理解能力；具有书面表达的愿望和初步技能"等3个目标。由此可见，《指南》将幼儿听说能力以及阅读理解能力的培养，摆在了至关重要的位置。

（三）《指南》对教师实施幼儿园语言教育活动的建议

《指南》提出，"幼儿的语言能力是在交流和运用的过程中发展起来的。应为幼儿创设自由、宽松的语言交往环境，鼓励和支持幼儿与成人、同伴交流，让幼儿想说、敢说、喜欢说并能得到积极回应。为幼儿提供丰富、适宜的低幼读物，经常和幼儿一起看图书、讲故事，丰富其语言表达能力，培养阅读兴趣和良好的阅读习惯，进一步拓展学习经验"。

对于具体实施,《指南》也提供了很多有借鉴意义的做法：幼儿的语言学习需要相应的社会经验支持,应通过多种活动拓展幼儿的生活经验,丰富语言内容,增强理解和表达能力。应在生活情境和阅读活动中引导幼儿自然而然地产生对文字的兴趣,用机械记忆和强化训练的方式让幼儿过早识字不符合其学习特点和接受能力。

总体而言,《指南》提纲挈领地诠释了教师在幼儿园语言教育中应关注的问题,并将幼儿听说能力以及阅读理解能力的培养,放到了至关重要的位置上,为幼儿园教师更好地开展语言教育活动指明了方向。

三、幼儿语言教育活动该怎么做

语言无处不在的这一特点,要求幼儿的语言学习应渗透在日常生活的方方面面,体现在各领域的活动过程中。作为幼儿教师,应抓住幼儿期这一口语发展的最佳时期,注重发展幼儿的口语表达能力,鼓励幼儿想说、多说、敢说、会说,引导他们在获得语言能力提升的过程中,亦能同步发展其他方面的能力,为幼儿终身学习与发展奠定良好的基础。那么,作为幼儿语言发展的重要渠道,幼儿园语言教育活动应该怎么做呢?

（一）关注幼儿听说能力的培养

倾听和表达,是幼儿语言教育的重要目标。听作为说的前提,是幼儿学说话的重要途径。而说则是幼儿语言发展的具体表现,它反映了幼儿对语言的理解及其对事物的思考。从幼儿的语言表达中,我们可以考量幼儿的认知和思维、情感和态度等。所以,在语言活动中提高幼儿的听说能力,是幼儿教师的重要任务。

1. 选择适合幼儿听与说的内容,挖掘其中的听说元素

教师在选择语言教学内容时,应关注该内容是否适合幼儿听与说,分析所选内容的语言特点,挖掘其中的听说元素,以促成目标的达成。

例如绘本《逃家小兔》,这是一个充满爱的故事。描述的是一只想要逃家的小兔与兔妈妈之间的对话,字里行间,呈现出妈妈对孩子浓浓的爱。同时,在反复呈现的"如果……就……"的句式里,也充满着鲜活、灵动、富于逻辑且不断变化的言语。能够让孩子在倾听中随着兔妈妈与小兔之间的对话,体会浓郁的母爱,展开丰富的想象,并自然而然地学习相关句式的表述。

再如故事《特别的羊》(见本书活动1-7),它讲述的是一只不愿意剪羊毛的"羊"的种种特别之处。故事中蕴含着对"特别"含义的多种理解：有对羊因羊毛多而产生的种种"特别"的利弊认知,如：特别暖和、特别漂亮、特别笨重、特别麻烦等；亦有对羊"特别"行为的情感体验；如：特别聪明、特别可爱、特别有爱心等。抓住"特别"引导幼儿倾听并理解故事内容,能够帮助幼儿在理解基础上进行准确表达,并使他们对词语更为敏感。

而故事《大熊有个小麻烦》(见本书活动1-9),其内容本身就蕴涵"要耐心倾听别人讲

话,等别人讲完才能真正帮助别人"的观点。这样的故事,能够引导孩子在生动形象的故事情节中,知道听别人说话时要认真听、耐心听,要把话听清楚、听明白等道理。

2. 激发幼儿倾听的兴趣,提高注意力

倾听,作为幼儿语言教育的重要内容,需要幼儿集中注意,有意识地参与;同时也需要情感的参与、兴趣的支撑。所以,在语言活动中,教师应采取多种策略,激发幼儿倾听的兴趣,提升倾听的有效性。

(1)运用情境

故事中常常蕴含着生动有趣的情节,能深深地吸引孩子。因此,教师可将某些情节转换为情境,用情境化的语言加以引导,使孩子在情境中潜移默化地关注起语言内容,产生倾听的行为。

例如语言活动《好喝的汤》(见本书活动1—2),通过小动物们共同煮一锅美味的汤的过程,呈现出不同动物的习性以及相关数序、量词等,而这些内容,均是通过小动物的话语加以表现的。为引导幼儿对故事内容的倾听与理解,教师运用木偶表演的形式呈现小动物煮汤的情景,并提出相应问题:有哪些小动物来煮汤? 它们在汤里放了些什么? 你从哪里听出来的? 以问题形式激发幼儿仔细倾听从而获得相关语言信息并准备表达。

(2)设置悬念

幼儿好奇心强,对于一些悬而未决的事件,他们会给予高度关注。所以,教师应善于挖掘故事中含有的悬念成分,激发幼儿的探究心理,以提高倾听的兴趣度与积极性。

例如故事《上面和下面》(见本书活动1—11),讲述了兔子为帮助大熊改掉偷懒的坏习惯,依据自身对农作物的了解,运用智慧让大熊在吃亏中受到启发,最终改掉了偷懒习惯。活动中,教师运用孩子想知道结果的急切心理,不断提出问题以激发孩子的猜测——种植前,大熊选择泥土上面的部分,兔子选择泥土下面的部分,那收获时会有怎样的结果? 如果两人换一下,收获时的结果会一样吗? 如果大熊选择上面下面都要,结果又怎样呢? 这些未知的问题,既可以调动孩子的已有经验促使其充分想象,又能让孩子带着对结果的猜测认真聆听,提升倾听的关注度。当然,教师也可故意只讲故事的一半,让孩子想象一下故事情节的发展,然后再接着往下讲。由于孩子们关心故事中主人公的结局往往会听得更认真、更仔细,倾听的兴趣和习惯便自然养成。

(3)布置任务

活动中,让孩子有指向地倾听往往会产生良好的结果。所以教师可依据活动内容,给孩子布置一些倾听的任务,让孩子明白该注意听什么? 从而集中注意去听,听的质量也随之得到提升。

例如在活动《小袋鼠乐乐》(见本书活动1—4)中,教师在让幼儿注意倾听"故事中讲了些什么?"的基础上,采用分段讲述的方法,提出带指向性的倾听要求。例如,第一段故事提问:

"这段故事有趣吗？哪里有趣？"第二段故事则要求提问："这段故事神奇吗？神奇在哪里？"引导幼儿带着"有趣"与"神奇"的概念，有意识地在倾听中捕捉故事中的相关信息，增强倾听的准确性。

再如活动《兔奶奶病了》，教师以小兔晶晶的身份，请小朋友到家做客，并通过念一张纸条、听两个电话，引导幼儿听清兔妈妈和兔爸爸提的要求，帮助小兔晶晶找到兔爸爸的电话号码，为兔奶奶准备住院物品并记住去医院的路线等。由于老师的身份变成了孩子们喜欢的小动物小兔，活动内容又贴近孩子的生活，而且帮助小兔又是孩子们十分乐意的事情，因此孩子们不仅注意力集中，而且听说的积极性高涨。更值得一提的是，由于教师对幼儿听的要求十分清晰明了，因而幼儿对言语细节的识别能力也在活动中得到了相应的提高。

（二）重视语言活动设计的品质，增强有效性

语言活动是幼儿学习表达的重要途径。但是近年来，一些教师却常在"语言活动是否要让孩子学习语言？语言活动中怎样让孩子学习语言？"等问题上徘徊纠结。有的教师甚至刻意回避幼儿的语言学习，以致在幼儿的语言学习上造成了一定的误区。如今，《指南》对幼儿的语言发展提出了明确的目标要求："能结合情境理解一些表述因果、假设等相对复杂的句子"；"能有序、连贯、清楚地讲述一件事情；讲述时能使用常见的形容词、同义词等，语言比较生动"；"能说出所阅读的幼儿文学作品的主要内容；对看过的图书、听过的故事能说出自己的看法"等。作为活动的设计者、组织者与指导者，教师更应有目的、有意识地将语言学习融合于活动中，关注孩子说话的规范性、准确性，有效促进幼儿语言表达能力的发展。

1. 把握语言活动的本体功能价值

二期课改对幼儿园教育教学活动的开展，提出了"构建整合、开放的课程内容"等教育理念。幼儿语言学习的日常性、生活化特点，也决定了幼儿语言学习的内容是丰富、多元、整合的。但任何领域的教育，都应有其独特的功能价值，语言教育亦是如此。此外，整合不是大拼盘，不是大杂烩。教育的整合，应是在需要前提下的自然整合，而形成有机联系则是整合教育的关键。因而，语言活动的开展，不应回避幼儿的语言学习，而应以语言学习为主要对象，渗透其他内容的教育影响，使语言教育活动真正成为幼儿语言学习与发展的重要平台。

例如故事《最佳守卫》，它讲述了老山羊为了保护羊群挑选守卫的过程。其中蕴涵着"守卫的标准、动物的特征、筛选的要求、测试的方法"等多项内容，也涉及数数、测量、统计等一些数学元素。作为语言教育活动，教师在确立该活动的主要价值时，应抓住作品主线，将"引导幼儿理解并表达山羊公公筛选守卫的过程"作为活动的核心目标，并在此过程中，关注数学元素的渗透，使幼儿通过本次活动，达到语言与其他领域的整合发展，从而使活动的本体价值得到良好体现。

2. 关注活动中孩子语言的良好发展

语言活动是发展幼儿语言的关键渠道，在学前儿童语言教育中培养孩子良好的言语表达,是教师应当承担的重要任务之一。因此,教师应在活动中创设条件,采用多种方法,推动孩子语言能力的发展。

（1）基于理解

实践证明,建立在理解基础上的学习,有益于孩子对内容的记忆与巩固。因此,教师应注重引导幼儿在理解的前提下进行语言活动的学习。例如故事《古力和古拉》(见本书活动1-1),整个故事精致、短小。它在描述两只小老鼠开动脑筋、想尽办法把发现的蛋搬回家的过程中出现了多个动词。教师依据小班孩子语言能力较弱、动作先于语言的特点,通过故事情景的创设,引导孩子观察图片并模仿动作。同时,适时地将动作与动词相联系,继而通过朗朗上口的句式,引导幼儿学习表达。这样既增强了幼儿对词语的理解,又促进了幼儿的良好表达。

（2）自然习得

对于幼儿的语言学习而言,教育的更高境界是春风化雨、润物无声。作为教师,应摒弃死记硬背式的机械灌输,在教学中把握契机、顺势而为、淡化痕迹。例如在绘本《月亮,生日快乐》中,作者巧妙地利用自然界中的山谷回音与月亮移动等现象,描绘了小熊想与月亮交朋友的过程。其中,用回音的形式呈现小熊与月亮的对话,话语内容不断重复,且音响、快慢有所不同等,这些都令幼儿感到十分新奇。基于此,教师顺应孩子的兴趣,采用角色扮演的方法,引导幼儿演绎故事情节,使原本枯燥的学习说话变成情趣盎然的表演游戏,使孩子在模仿小熊、月亮的过程中自然而然地习得语言。

（3）迁移拓展

对学习内容的迁移和拓展,是提升幼儿的语言运用能力、增强语言表达丰富性的重要手段。因此,教师应引导幼儿在已有经验的基础上展开思维想象,举一反三,积极表达。例如在活动《快乐长大》(见本书活动1-8)中,教师基于"长高"的三个关键要素,提出"多吃蛋白质有利于长高,那么哪些食物富含蛋白质呢？阿力还可以做哪些运动,使自己尽快长高？有什么办法能够让自己睡得更好？"等问题,引导孩子回忆相关经验并展开表述。再如在活动《爸爸的手》(见本书活动1-5)中,教师在幼儿理解散文内容后,引导他们尝试将自己爸爸的手的本领编到散文中去,促使他们在情感的牵引下,将生活中自己对爸爸的认识用散文的表达方式加以表述。这样既加深了认识,又丰富了表达,更提升了情感。当然,教师在引导幼儿展开充分想象的同时,也应注意语言表达的适切性、合理性与规范性,以不断提升幼儿说的品质。

（4）注重规范

良好的语言表达体现在说话时的清晰规范、丰富生动上,而且良好的语言表达需要教师积极有效的引领。因此,教师应注重幼儿语言表达的准确性、多元性、丰富性与生动性。在活动中教师应关注孩子的表达,及时纠正不恰当的用语,鼓励并肯定有创意的表达。同时,针对活动内容提出的"说得跟别人不一样、把话说得短一点、长一点、清楚一点"等要求,使孩子的语言表达逐渐趋向准确、规范、丰富、多元。例如《晴朗的一天》(见本书活动1-12),这是一则古老的亚美尼亚民间故事,故事的主干很简单:一只狐狸因偷喝了牛奶被愤怒的老婆婆砍掉了尾巴,为了换回自己的尾巴,狐狸不得不进行一系列的交换,而每次交换都会出现新的条件。因而,狐狸每一次请求时的话语也必须不断叠加,变得越来越长,听起来也越来越滑稽可笑。鉴于此,教师将"引导幼儿把话变长"作为活动的主要目标,并要求采用"有了……就可以换……"这一固定模式进行表述。使得幼儿能依据故事发展的线索加以准确表述,并逐步发展幼儿的规范、完整的表述能力以及逆向思维能力。

当然,注重规范并非是指单一、固化或千篇一律的语言学习,教师应以开放的心态去接纳孩子,在思想中少一些框架与定势,在活动中鼓励孩子自然地表达。这样,孩子的语言才会更丰富、生动、多元。

(5)有效互动

在语言教育活动中,教师的作用在于激发幼儿的思维,在师生、生生的思维碰撞中更好地感知、理解、分析、判断。因此,教师对幼儿的反应要敏感,能够倾听幼儿的回答,并根据幼儿的反应进行相应的引导,及时质疑、肯定、分析与归纳,使幼儿的语言学习不再是单纯的接受,而是一种发现、探索与体验。此外,教师应善于引导与点拨,能够随机应变,根据幼儿的反应及时调整方案。做到既遵循教案又不拘泥于教案。

在此过程中,教师必须充分相信孩子,不要害怕孩子不理解,更不要强硬地引导幼儿朝自己设计好的套子里钻。例如在故事《蓝色小屋》中关于"小花猫是怎么进屋的"这一问题,如果教师急于引导幼儿回答出正确答案,则会显得教师的控制意识太强,限制了幼儿的思考。反之,如果教师能够敞开胸怀去倾听幼儿的声音并接纳幼儿的理解,那么就能在了解幼儿所思所想的基础上展开有效互动,推动幼儿的发展。

古力和古拉（小班）

西街幼儿园　林安逸

活动目标

1. 能看懂画面,理解并学说表示"搬动"的词语。
2. 感受故事中因劳动、创造、分享带来的快乐情绪。

活动准备

PPT课件,大蛋糕和切好的小蛋糕,绘本《古力和古拉》*。

活动过程

一、谈话导入

1. 介绍小老鼠古力和古拉。

2. 古力和古拉是好朋友,好朋友在一起会做些什么呢?

【设计意图:引导孩子们通过自己的生活经验来感受古力和古拉之间的好朋友情感。】

小 结

古力和古拉是一对勤劳的小伙伴,特别喜欢烧菜和吃东西。

---

*（日）中川李枝子/文,（日）大村百合子/图.古力和古拉.安伟邦/译.天津人民美术出版社,1989.

二、感受理解

（一）发现蛋

提问：

1. 古力和古拉发现什么了？

2. 这是一个什么样的蛋呀？

【设计意图：上述第二个问题主要在于引导孩子对比蛋和两只小老鼠的大小。由于小班幼儿词汇缺乏，教师应引导孩子用动作来表示蛋是如何的大、如何的重，从而为下面的情节理解做铺垫。】

────────────────────────────

3. 你们知道，蛋可以做成什么好吃的东西呢？

【设计意图：将幼儿的生活经验引入，使幼儿有话可讲，有经历可以表达。在提高孩子讲述的积极性的同时，也让孩子感受到小老鼠想要吃蛋的迫切心情，为之后小老鼠想尽办法搬运蛋埋下伏笔。】

────────────────────────────

（二）搬运蛋

讨论：

1. 可是，怎么把蛋拿回家呢？（根据幼儿的方法，说说相关动词，做做相应的动作。）

【设计意图：通过孩子的表述，教师可以了解到孩子对于搬运蛋的认知经验以及对动词的运用经验。遇到有些动词可能是故事中没有出现过的，则可以通过孩子自己的经验来帮助提炼相应的动词。比如，有的孩子说找个篮子把蛋带回家。老师便请孩子做做相应的动作，

2. 看看古力和古拉想了什么办法把蛋拿回家?

(1) 方法一:"抬蛋"

① 古力和古拉用了什么办法? 它们怎么抬的? 我们一起试一试。

② 这个办法能行吗?

(2) 方法二:"滚蛋"

① 古力和古拉又用了什么方法? 我们再来一起做做看。

② 这个办法可以把蛋带回家吗? 为什么?

(3) 方法三:"扛蛋"

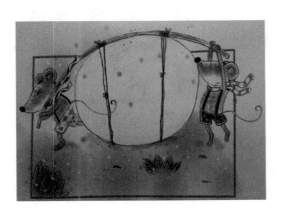

① 古力和古拉在做什么呀? 蛋可以怎么扛呢?

② 这个办法能成功吗? 你从哪里看出来的?

【设计意图:整个环节的设计旨在通过让孩子对于画面的观察、动作的模仿,以及运用一

些朗朗上口的小儿歌,如:哎呦哎呦,用力抬;嘿呦嘿呦,扛起来,让幼儿在情境动作中学习相关动词。】

- -

（三）做蛋糕

提问：

1. 蛋搬不回去,古力和古拉又想了一个什么办法？

2. 你们知道做蛋糕需要哪些东西？

【设计意图：许多孩子都有做蛋糕的经验,讲述时表现得非常积极,讲述的内容也很完整。】

- -

3. 古力和古拉从家里拿来了什么？

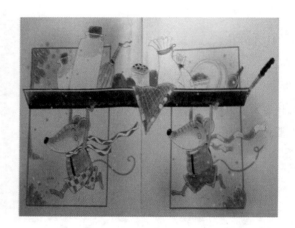

- -

 结

古力和古拉回去拿来了锅、面粉、牛奶和糖等好多好多东西。

- -

（四）吃蛋糕

提问：

1. 你们闻到香味了吗？蛋糕做好啦！（出示实物蛋糕）

2. 猜猜古力和古拉会怎么做？

3. 古力和古拉请动物朋友们一起吃蛋糕,还要请我们小朋友吃呢！（幼儿分享蛋糕）

【设计意图：实物蛋糕的出现，再次将孩子的情绪推向高潮，教师则将情感的体验落实在真实的情境中。在分蛋糕时，教师结合动作，在语言上与孩子不断进行互动，例如"请吃蛋糕"、"谢谢"等。整个氛围温馨愉悦。】

三、结束活动

1. 蛋糕吃完了，那剩下的蛋壳怎么办？
2. 古力和古拉用大大的蛋壳做了一辆汽车，开着汽车回家了。

（孩子们比较有环保的意识，较多的孩子说要打扫干净、要丢到垃圾筒里。也有孩子发挥了想象说可以做小船、做锅子、做碗等。此时，教师适时揭示谜底，和孩子一起做开汽车的动作离开，在活跃的气氛中自然结束活动。）

活动解析

《古力和古拉》的故事，精致、短小。故事中简单的语言、有趣的情节，比较符合小班上学期孩子的理解能力与认知经验。故事中两只小老鼠在开动脑筋、想尽办法把发现的蛋搬回去的过程中出现了多个动词，这有利于丰富孩子的词汇。而两只小老鼠与动物伙伴分享大蛋糕的情节，则有利于孩子体验劳动、创造和分享快乐。活动中运用了以下方法：

一、在情境中学习词语

依据小班幼儿语言能力较弱、动作先于语言的特点，教师在引导幼儿学习理解表示动作的词语时，通过故事情景的创设，先由孩子表达自己对动作的理解，再由教师帮助归纳，最后通过观察故事图片、模仿两只小老鼠的动作，将动作与动词相联系，通过朗朗上口的简单句式，既能够丰富词汇，又能够提高孩子参与活动的兴趣。

二、用提问引发经验

小班幼儿的生活经验对于他们的学习能力、活动参与的积极性非常重要。无论是认知的、语言的，还是动作的，各种经验是表达互动的基石。有了经验孩子才有话可说，有了经验孩子才有动作可表达。因此，在活动提问的设计中，教师注重寻求孩子已有生活经验与故事的结合点，提出"蛋可以做什么好吃的东西？做蛋糕除了蛋，还需要什么？"等一些既联系故事发展，又与幼儿生活经验密切相关的问题，让孩子有讲述的兴趣，并有话可讲。而教师则通过对层层经验的提炼，帮助孩子习得相关动词，逐步递进，从而获得语言上的认知与发展。

三、通过真实的分享活动体验快乐

结合故事中小老鼠分享蛋糕的情节，教师设计了真实的蛋糕分享活动，让孩子进一步获得快乐的体验，也将整个活动推向高潮。

需要注意的是，在幼儿学习动词时，尽管教师利用了朗朗上口的儿歌，但是孩子的注意点还是会集中在之前的象声词上，因此教师在实际教学中要突出动词，通过加重语气、凸显动作等方法，强化幼儿对动词的理解与学习。

好喝的汤（小班）

东余杭路幼儿园　马叶佳

活动目标

1. 运用不同感官,感知小动物的明显特征和习性。
2. 体验大家一起煮汤、喝汤的快乐。

活动准备

1. 场景:

房子前——摆放了灶台以及有汤锅、碗、勺子的桌子。

房子后——煮汤的食材(一个萝卜、一条鱼、两只虾、三棵菜、四个蘑菇),一锅煮好的汤备用。

2. 动物布偶(小猪、小猫、小鸭、小鸡、小兔子),小鸡和兔子重叠的影子。

3. 绘本《好喝的汤》*。

活动过程

一、回忆相关经验,引入情境

1. 出示动物布偶小猪,和小朋友打招呼。

2. 回忆关于汤的生活经验。

● 今天,我要烧一锅好喝的汤给大家喝。小朋友,你们喜欢喝汤吗? 好喝的汤里要放些什么呢?

过渡:冬天的萝卜最好吃了,我现在就去拔萝卜。可是还有些朋友要来,我不在家谁来

---

* 心珑/文,黄缨工作室/图.好喝的汤.东方娃娃绘本版,2011.

帮它们开门？谁来欢迎它们呢？

【设计意图：教师始终以小猪的口吻和孩子们对话，把幼儿一步步引入故事情境中。可爱小猪的出场，用打招呼这一最直接、最生活化的方式一下子拉近了布偶小猪和孩子间的距离。幼儿结合自己的生活经验说出了汤里通常会放的一些东西，例如肉、菜、鸡蛋等。有的幼儿还描述了汤的味道："里面有很鲜的东西、甜甜的……"经验的回顾激发了幼儿对汤的兴趣，他们对"好喝的汤"有了期待。】

二、认识动物朋友，感受快乐

1. 在听听猜猜中迎接客人们，并在故事情景中认识不同的食材。

● （敲门声）是谁呀？喵喵喵，是我呀。（小猫，你好！）咦，锅里在烧什么呀？我带了我最喜欢吃的东西，你们猜猜是什么？多吃鱼会变聪明哦。你们喜欢吃吗？在汤里放上一条鱼，搅一搅，搅一搅，咕噜咕噜一起烧！一定会很好喝哦！

● （敲门声）是谁呀？猜谜语：黄黄绒毛扁扁嘴，走起路来摇摇摆。嘎嘎嘎，你们好！（小鸭，你好！）你们在烧什么呀？我带了味道鲜美的礼物，看看是什么？有几只虾？很新鲜吧，是我刚从小河里捉来的。在汤里放上两只虾，搅一搅，搅一搅，咕噜咕噜一起烧！一定会很好喝哦！

● （敲门声）是谁呀？（出示奇怪的影子）谁来了？你从哪里看出来的？（小兔你好，小鸡你好！）你们在烧什么好吃的？（在烧好喝的汤。）我们也带了好吃的。小鸡带了绿绿的蔬菜，你们吃过什么蔬菜是绿绿的？（看一看、闻一闻青菜）想不想尝一尝？（个别幼儿放菜，大家数数。）放上三棵小青菜，搅一搅，搅一搅，咕噜咕噜一起烧！再来摸一摸，还有什么？1、2、3、4四个蘑菇，香香的，很有营养哦。（个别幼儿放菜，大家数数。）放上四个圆蘑菇，搅一搅，搅一搅，咕噜咕噜一起烧！大家一起来帮忙，烧出来的汤一定很好喝哦！

2. 看一看，一共来了几位好朋友？

3. （出示动物布偶小猪）朋友们，我回来了！瞧，我拔的萝卜怎么样？哟，大家都来了，我赶快去烧汤。把萝卜放到汤里，一定很好喝哦！

【设计意图：为了打破小动物们平行登场的模式，教师有意用不同的方式引出动物登场，如：叫声、走路的样子、影子等，并运用了猜、闻、摸等不同的方式调动幼儿的不同感官去感知食物的特征。敲门的情景看似重复，但一问一答的对话方式却自然地促使幼儿和布偶之间进行互动。不同的食材使用了不同的容器，例如鱼放在大盘子里、虾放在透明罐里、青菜用绳子扎着和蘑菇一起放在篮子里。从呈现方式上看,配合了故事情节的需要;从功能上来看也便于幼儿观察。每放一种食物在汤锅里,教师就会一边做"搅拌"动作带着孩子一起说,"搅一搅,搅一搅,咕噜咕噜一起烧"。通过让幼儿模仿动作一起体验汤的方式。而每次都出现的"一定会很好喝哦"则会引发孩子对好喝的汤的期待与憧憬。】

三、分享好喝的汤,回忆食物

1. "假汤"变"真汤"。

● (调换事先煮好的汤锅)

2. 准备喝汤。

● 用湿纸巾擦擦小手,分发餐具。

3. 品尝好喝的汤。

● 闻一闻香不香,还记得汤里面放了哪些好吃的吗?

● 一起来尝尝好喝的汤吧! 味道怎么样?

【设计意图:出于卫生安全的考虑,教师预先准备了一锅相同的汤藏在"房子"后面,这一情景是为了后面将汤锅进行调换而设计的,同时为喝汤前的准备预留了空间。因为创设了真实的喝汤环节,所以餐前清洁是必要的。教师在开展活动时一定要处理好细节问题,如纸巾的取放、碗勺的分配等。教师一边盛汤一边让孩子在香味中回忆汤里有哪些好吃的,让孩子在等待与品尝的同时再一次回顾故事。如果幼儿只是说出食物的名称,教师可以用一些小的追问来帮助幼儿回忆食物的数量,例如鱼有几条? 如果幼儿说错了,老师可以借小动物的口吻来提示,例如我记得放了两只虾哦,有没有吃到虾的鲜味? 对于幼儿遗漏的食物,教师可以通过描述它的特征来提问,如这白白的、一块块的是萝卜吗? 你们吃到萝卜了吗?】

活动解析

翻开绘本《好喝的汤》的封面和封底,映入眼帘的是一个富有童趣而又温馨的场景:一排小动物们津津有味地品尝着好喝的汤,到底是什么汤这么好喝呢? 小猫喜欢,小老鼠也喜欢;小鸡喜欢,小鸭也喜欢;小兔喜欢,小猪也喜欢。这汤是什么味道的? 为什么大家都喝得如此津津有味呢?

这是一个内容简单且易懂的故事,非常适合新小班的孩子。在小动物们分别悄悄地把自己最喜欢的食物放进汤罐的情节里,蕴含了和大家一起分享的美好情感。随着小动物的逐个登场,食物的数量也相应递增:一条鱼、两棵青菜、三个蘑菇、四只大虾……孩子们不仅可以自然地感知数字,还能了解到小动物们喜欢吃的食物。考虑到新小班的认知特点,我们对绘本的角色进行了处理,删减了小老鼠的部分,使出现的动物角色数量控制在5个以内。

为了让小班孩子与故事里的角色尽快熟悉起来,我们以集体互动的方式为主,通过打招呼、倾听叫声、猜谜、分辨影子等不同方式激发幼儿的好奇心。随着小动物的逐个登场,孩子们的情绪也渐渐高涨起来。在煮汤的过程中,教师邀请个别幼儿帮助小动物把好吃的食物放进汤里,并和其他小朋友一起帮忙数一数放了多少个,接着师幼共同边说边做搅拌汤锅的动作,这一刻每个孩子都融入到了大家一起煮汤的情景里。最后,当大家一起分享美味汤时,孩子们一边喝汤,一边寻找在汤里放过的食物,说一说吃到了什么、汤的味道怎么样等等。整个场景自然而温馨,汤的"好喝"尽在其中。

原本平淡的绘本情景通过教师运用手袋木偶进行表演,变得形象生动起来,一下子就把小班孩子带进了故事情景里。在小班孩子眼里,情景里的小动物们好像都是真实存在的,他们相互问好、交流,在最后喝汤的环节,孩子们还提醒老师要给小动物们盛一些,有的还拿起餐巾纸给它们擦擦嘴。

考虑到小班幼儿以形象直觉思维为主,我们结合绘本里动物的明显特点以不同的方式呈现,让孩子获得不同的感官刺激。针对小班幼儿注意力集中时间较短的特点,我们在原本的故事情境中加入了放一放、数一数、搅一搅的"动一动"环节,让每个孩子都能参与到模拟煮汤的情景里,激发幼儿的兴趣,获得相关认知,并学习一些短句。

面对老师精心安排的"动一动"环节,刚开始时孩子们会表现得比较慢热,氛围有点闷。所以,教师可以用一些情景语言来激发孩子的兴趣,例如"想不想喝好喝的汤,用点力气搅一搅,就能快点煮好哦,大家一起来用力搅一搅!"有时也可以用一些鼓励的话语邀请孩子参与,如:"小猫喜欢会打招呼的小朋友,还有谁会打招呼?"或者,可通过言语来肯定孩子的表现,以起到推动作用,例如:"你能够轻轻地把菜放在汤里,真不错!"

附故事:《好喝的汤》

小猪:肚子好饿,我要去拔一个大大的萝卜,回来煮一锅香香的萝卜汤。

小猫:喵呜喵呜,是谁在煮汤? 放一条鱼进去,一定会很好喝吧!

小鸭:嘎嘎嘎,嘎嘎嘎,是谁在煮汤? 放两只大虾进去,一定会很好喝吧!

小鸡:叽叽叽,叽叽叽,是谁在煮汤? 放三棵菜进去,一定会很好喝吧!

小兔:咻咻咻,咻咻咻,是谁在煮汤? 放四个蘑菇进去,一定会很好喝吧!

小猪:咦,是谁放了这么多好吃的东西? 让我把萝卜也放进去吧!

好喝的汤煮好啰!

月亮,生日快乐(中班)

东余杭路幼儿园　边恒亮

活动目标

1. 阅读故事,理解小熊与月亮交朋友的过程,体验小熊纯真的友情。
2. 通过倾听小熊和月亮的对话,感受回声这一自然现象,并有兴趣地学说他们的对话。

活动准备

PPT课件,绘本《月亮,生日快乐》*图片,相关图文符号。

活动过程

一、提出问题,引起兴趣

你的好朋友是谁?

过渡:那小熊的好朋友会是谁呢?

二、欣赏理解故事(观看PPT)

(一)讲述故事的第一部分

1. 小熊想和月亮交朋友,它是怎么做的?

2. 刚开始,小熊说:"月亮你好",月亮回答了吗?为什么?

3. 后来小熊怎么和月亮说上话的?它们说了什么?(出示图文结合卡片)

---

* 法兰克·艾许/文·图.月亮,生日快乐.高朋美/译.明天出版社,2009.

4. 你发现小熊和月亮说的话之间有什么秘密？（教师可以再次模仿小熊和月亮说话，要表现出明显的不同特征：轻与响、长与短等）

5. 我们也来学学小熊和月亮说话的样子：引导幼儿自主选择角色，看着图文卡片学说对话，体验小熊与月亮（回声）说话的相同与不同。

【设计意图：中班的孩子对于"回声"这一自然现象可能还不是很了解，有部分孩子知道回声的存在，但并不是很了解回声的有关知识，教师出示相同的图文结合卡片，让孩子们初步感受回声的一些特质：说的内容是一样的、声音有轻响、回声拉得比较长等，教师可以在模仿时注意突出，让孩子们更直观的感受。】

- -

6. 月亮真的说话了吗？（孩子们回答：其实月亮并没有听到啊；月亮是不会说话的；那其实是回声，并不是月亮在回答小熊……）

7. 你们都知道这是回声，可是小熊知道吗？（不知道）

8. 这可是我们知道的小秘密，先不告诉小熊好吗？

【设计意图：在这里，理智和情感都体现了出来，孩子们都很聪明，他们马上就抓住了问题的中心（那只是回声）。不过孩子们又是纯真的，他们感受到了小熊渴望得到友谊的心情，所以孩子们都愿意先保守秘密，不告诉小熊，让小熊继续它的友谊之旅！】

- -

过渡：接下去小熊和月亮之间会发生什么有趣的事情呢？我们继续听下去。

（二）讲述故事的第二部分

1. 小熊回家做了哪些事情？

2. 小熊会想什么办法给月亮戴上帽子呢？

3. 出示PPT动画，呈现月亮移动、挂在树梢、好像戴上帽子的连续画面，幼儿观察讲述。

语言活动这样做

4. 月亮戴上帽子了吗？怎么戴上的？

【设计意图：挂在树上的帽子只是在月亮的移动中给了小熊视觉上的感受，让小熊觉得月亮已经戴上了自己送的帽子。单纯可爱的小熊快乐极了，它的情绪也感染了孩子们，大家由衷地为小熊的快乐感到开心。】

过渡：月亮收到小熊送的生日礼物了，那小熊会不会收到月亮送的礼物呢？（请幼儿进行猜测）

（三）讲述故事的第三部分

1. 第二天，小熊发现了什么？他会怎么想？

2. 你觉得，小熊家门前的帽子是哪里来的？

【设计意图：这两个问题的设置是很巧妙的，虽然都是幼儿来回答，但前一个问题是从小熊的角度去思考：这顶帽子一定是月亮送给我的。而后一个问题是幼儿自身的理解：这顶帽子是被风吹下来的，其实就是小熊自己买的。看似相互矛盾的两种答案其实既体现了幼儿阅读时的思维，又不违背幼儿纯真善良的可爱天性。】

3. 这时候发生了什么事情？（帽子怎么了？）

4. 小熊没有找到帽子，它的心情怎么样？

5. 最后，小熊又去找月亮说话，它们会说什么呢？（继续呈现图文卡片）

（四）小结（用故事中的内容小结）

过渡：这么好听的故事，你们想知道名字吗？它的名字叫"月亮，生日快乐"。

1. 小熊以后还会和月亮说话吗？为什么？

2. 刚才我们要保守的秘密是什么？现在故事讲完了，你们想把这个秘密告诉小熊吗？

【孩子们一致决定不把这个秘密告诉小熊了，理由是什么呢？孩子们的回答很令人感动："小熊认为自己有了好朋友，如果告诉它，那它会伤心的。""小熊有了朋友很快乐，这样就行了。""不要告诉它，我不想让小熊难过。"……孩子们都是纯真可爱又善良的，他们为故事中的小熊而感动，也为小熊找到友谊而高兴，这不正是我们把这个文学作品带给孩子们的初衷吗？】

三、根据幼儿的兴趣，进行故事表演，并完整欣赏故事，体验小熊和月亮之间的友谊

活动解析

《月亮，生日快乐》给我们描绘了一个可爱、纯真的小熊形象，它渴望得到月亮的友情，想和月亮做好朋友。为此，小熊渡过小河，穿过树林，还爬上了高高的山顶。忙了这么多，它就是想能更接近月亮，和月亮说上话，并且想送一个生日礼物给月亮。在小熊天真的世界里，它确信月亮是有生日的，月亮是会和它说话、和它做好朋友的。其实月亮并没有回答过小熊，但小熊始终相信月亮在和它对话，而且月亮也已经接受了它的友谊。故事里的小熊，不需要明白回声是怎么回事，只需要用它的纯真和善良，去感受与朋友交往的快乐，这就让它感到非常满足了。

这是一本非常简单却很温馨的书。作者巧妙地利用自然界中的回声与月亮移动等现象，勾勒出小熊与月亮交朋友的过程。其中，这不乏想象与现实的交融、纯真与善良的闪现。绘本中的画面很简单，也没有费力的说教，只是讲述了好朋友之间的美好感觉。帽子丢了，但小熊对月亮说："没关系，我还是一样喜欢你！"分享、宽容和体谅，这些概念对于幼儿来说是抽象的。但是如果他心里一直记着小熊和月亮的故事，如果他记得对别人说："没关系，我还是一样喜欢你！"那么，他的心里就已经悄悄种下一颗爱的种子了。这就是本篇故事的动人之处。

孩子们就是天真稚气的，在他们的童年时代，会有许多美好童话故事的陪伴，他们总认为万物都是有生命的。渴望友谊，学习建立友谊，也是孩子成长中必经的历程。乐观真诚的小熊，会让孩子们感到温暖而快乐！这也就是我们选择这本绘本作为教材的主要理由。

活动中，"月亮有没有和小熊说话呢？"这个问题从一开始就激发了孩子们的兴趣和讨论。孩子们很聪明，都知道月亮的声音是回声，但他们也像小熊一样把这回声当成了月亮的声音，把月亮当成了朋友。看得出孩子们和小熊一样，渴望友情。这样的一个故事满足了孩子们的情感需求，所以孩子们在最后会选择不把回声的秘密告诉小熊。

孩子们既沉浸于故事的美好，又在恰当的时候表现出理智的分析和判断。在活动中，教师设置了一些比较巧妙的问题，比如：小熊和月亮说的话之间有什么秘密吗？你觉得小熊门前的帽子是从哪里来的？这些问题让孩子们感受到回声的特征，也凸显了孩子们对事物判断的逻辑性和正确性。

　　现实与梦想并不一定是矛盾的，绘本中的情感与认知也可以并存。所以，老师在处理回声这一问题时，是用小熊和月亮间的对话来进行的。教师在引导孩子们学一学月亮的声音时，孩子们都很感兴趣，将手放在嘴边，小声地拉长声音说。老师又设定了角色：我做小熊，你们做月亮。在模仿对话表演中既体现了活动的趣味性，也自然地让孩子们感受到了回声的不同特征。

小袋鼠乐乐（中班）

虹口区第三中心幼儿园　奚岚

活动目标

1. 倾听故事，对"伞"的特点和作用产生兴趣。
2. 根据伞的特点，想象伞的用途，并用流畅的语言进行表述。
3. 理解词语：弹、转。

活动准备

　　PPT课件（绘本《小袋鼠乐乐》*、伞的图片和文字、森林背景图），视频（直升机起飞的过程），小糖果等。

活动过程

一、观察"伞"，激发兴趣

1. （出示文字伞）猜猜这是个什么字？
  ● 从哪里看出这是个"伞"字？
2. （出示图片伞）观察图片伞和文字伞的关系。
  ● 看看小朋友刚才哪里猜对了？

小 结

　　对了，这个字就读"伞"，刚才小朋友已经从这个字的形状上猜出来了。这个字的上面像伞的面子，中间一竖像伞的柄杆，左右两点像伞的骨。我们中国的文字是象形文字，就是字和

---

* 史秀娟、于立秋/著.宝贝晚安故事.中国人口出版社，2009.

事物的形状有点像。今天老师就要讲一个关于伞的故事,名字叫做《小袋鼠乐乐》。

【设计意图:这个环节主要是引发幼儿对故事主题的兴趣,目的有两个。其一,教师利用"伞"的文字和图片,培养幼儿的观察能力,引发幼儿观察伞的结构和特点,为下面对伞展开想象埋下伏笔。也为幼儿了解中国文字的象形特点留下初步的印象。其二,激发幼儿对故事主题的好奇和期待,提高学习注意力。】

二、欣赏故事

完整地倾听故事(教师讲述故事)。

● 故事好听吗?你听到了什么?

小朋友的小耳朵真灵,有的听到了……有的听到了……

【设计意图:这个环节主要是培养幼儿的倾听能力,并初步了解故事内容。教师不用教具,清讲故事,对于幼儿的注意力和倾听能力都有一定的挑战和促进作用,需要教师熟悉故事,并能够运用生动的语言和表情。】

三、分段欣赏故事(播放PPT及视频)

1.(倾听故事第一段:花伞帮助小鸭回家)故事有趣吗?哪里有趣?

● 小鸭子是被什么东西"弹"到了二楼?"弹"是什么意思?

● 伞会弹吗?是怎么弹的?(你看见过吗?)

● 小实验:用伞弹糖果。

小袋鼠知道伞在打开的时候,会"嘭"地一下,出现一股弹起来的力量,它就想:或许这股力量会把小鸭子送到二楼的家里,它就用了这个方法,果然成功了,小袋鼠真聪明。

2.(倾听故事第二段:花伞救了小花猫)这段故事有趣吗?哪里有趣?

- 小花伞像直升机一样飞起来,你们看见过直升机吗,是什么使它飞起来?

（观察视频：直升机起飞）

 小 结

原来直升机上的螺旋桨转起来的时候也会产生一股力量,能把直升机带到天上去。

- 小花伞又是怎么升起来的?
- 还有什么东西会转? 转的时候会发生什么?

 小 结

小袋鼠看见过直升机转转转,变成了一股强大的力量,带动飞机飞到了天空。他又想到小花伞也能转转转,就把小花伞当作直升机转呀转,小花伞真的飞起来了,把小袋鼠带到了高处,救下了小花猫。小袋鼠真聪明!

【设计意图：本环节的重点是理解伞的功能,以及小袋鼠如何利用伞救助人。教学设计了分段欣赏故事,结合故事情节,展开对伞"弹"和"转"这两个主要功能的讨论。利用小实验和视频,让幼儿直观地了解伞通过"弹"和"转"能产生力量,从而理解小袋鼠利用伞是和伞的特点和功能有关的。】

四、续编故事

1.（出示图片：多把伞）原来这把伞的本领这么大,我们再来看看这把伞还像什么?
- 为什么说它像房子/蘑菇/亭子呢?

 小 结

小朋友观察得很仔细。是呀,圆圆的伞面有点儿像蘑菇,斜斜的伞面有点像屋顶。

2.（出示图片：森林）小袋鼠乐乐向森林走去。走着走着,它又听到了"呜……"的哭声,原来是小白兔啊。小袋鼠问:"小白兔,你为什么哭呀?"小白兔害怕地说:"我刚才在采蘑菇的时候,听到大灰狼说要找到我,把我吃了,呜……"小袋鼠想了想,说:"别怕,小白兔,我用这把伞来帮助你。"
- 小袋鼠会怎么用这把伞来帮助小白兔呢?

活动 1-4

小 结

小袋鼠说:"小朋友们真聪明,我就是这么想的。"

---

3. 如果你有一把伞,你会用它来做些什么事呢?

小 结

原来伞有这么多用处呀。我们知道了伞的特点,就可以想出许多用处。

【设计意图:这一环节主要是故事以外的想象部分,培养幼儿的扩散性思维和想象力。在引导幼儿了解了伞的特点后,教师设计了新的教学情景:小白兔在森林中遇到了大灰狼。引导幼儿通过扩散性思维,想象伞在此情景中可以如何发挥作用,锻炼幼儿的思维和想象能力,使幼儿进一步感受到创造性想象的乐趣。同时,也培养幼儿续编故事及语言表述的能力。】

活 动 解 析

一、对活动核心价值的思考

1. 确立价值点

《小袋鼠乐乐》描述了小袋鼠乐乐利用"伞"这一工具帮助朋友解决困难、摆脱危险的过程。从教育的角度考虑,故事有两重含义:一是从"伞"的特点展开想象,利用"伞"的各种功能帮助他人解决问题;二是在生活中愿意帮助别人,从中获得快乐。通过反复研读故事以及教学实践,我们认为"科学想象的乐趣"是该故事最具生命力的情趣点。因此,将此作为主要的教学目标。

2. 培养幼儿的想象力是学前教育的目标之一

幼儿想象力的发展是基于一定的生活经

验,以及对事物特点与关系的理解。因此,在教学中,我们采用从集中思维到扩散思维的方法,先让幼儿集中观察并理解伞的"转"和"弹"的特点和功能。在此基础上,引导幼儿展开联想,广泛想象小花伞还能够帮助小袋鼠乐乐做什么事。同时将"助人为乐"作为隐性目标,引导幼儿在成功想象、完成帮助人的目的之后,能够获得助人为乐的良好体验。

二、对活动开展的要点思考

1. 注重倾听并凸显情趣,提升幼儿的注意力与倾听能力

活动中设计了倾听故事的环节,放大了故事中的情趣点——用伞的特点展开想象,吸引孩子的注意,从而促进幼儿注意力和倾听能力的提升与发展。由于活动中教师注重渲染故事中想象的生动情节,孩子们感到很有趣,倾听的过程中很专注,常常情不自禁地为有趣的情节而开怀。在分段倾听后,孩子们很快都发现了"用伞的特点去想象"是故事中最有趣的地方,并产生了进一步联想的愿望。可以说,整个教学过程幼儿的注意力很集中,兴趣很高,倾听能力也得到了很好的锻炼和发展。

2. 凸显特点并展开联想,培养幼儿的思维和想象能力

教学中,教师抓住"伞"的特点,为幼儿创设了观察、讨论伞的特点的环节,目的在于帮助幼儿理解:小袋鼠利用伞去帮助他人,是与伞的特点功能有关的。在幼儿理解了伞的特点以及这一层关系后,又进一步展开续编故事的环节,引导幼儿根据伞的特点,在新的情景中想象,并发挥伞的作用来解决新的问题。从教学效果来看,孩子们的想象非常丰富。例如,在想象表述怎么用伞对付大灰狼时,有的孩子说"把伞当作枪刺大灰狼";有的说"把伞撑开,小兔子躲在后面,大灰狼以为是一只蘑菇,就走了";还有的说"小袋鼠叫小兔子坐在自己的袋袋里,然后把伞转呀转,伞就像直升机一样飞起来,把它俩带到了高高的天空,躲过了大灰狼"……从孩子们的讲述中可以看出,他们充分理解了伞的特点,并积极发散思维,想象怎么利用伞的特点去解决问题。思维和想象能力得到了比较充分的发展。

成功的思维和想象也进一步激发了幼儿对故事的兴趣和学习的自信。他们不仅兴趣高昂、注意力集中,而且还思维活跃,并能用语言流畅地表述,达到了所期待的教学目标,也给了教师成功教学的体验和信心。

活动1-5

爸爸的手(中班)

虹口体育幼儿园　沈燕春

活动目标

1. 了解爸爸的手的本领,增进对爸爸的情感。
2. 尝试用完整的语句仿编散文。

活动准备

绘本《爸爸的手》*,调查表"爸爸的手"。

活动过程

一、回忆散文

1. 前几天,我们听了一篇关于"爸爸的手"的散文,大家还记得吗? 我们一起再来念一下这篇好听的散文吧!

2. 回忆散文中的主要内容。

提问: 散文里爸爸的手都为我们做了哪些事情呀?

【设计意图:回忆散文,可了解幼儿对散文的熟悉程度。同时,通过散文中表现形式的重现,亦可为幼儿的仿编进行铺垫。】

3. 介绍调查表"爸爸的手"

(1)我们回家也调查了许多关于自己爸爸的手的本领,我们今天就来介绍一下自己爸爸

---

* 朱家雄/主编.学前教育教师参考用书:学习活动(4—5岁)(试用本).上海教育出版社,2009.

的手吧!

（2）出示调查表,幼儿介绍自己爸爸的手的本领,教师依据回答给予回应。

- 又大又结实,力气很大（拎重物）;
- 运动（有益身体健康）;
- 照顾我（爸爸怎么照顾你的呀?）;
- 修理安装（爸爸会修什么呢?）、写文章、做家务、开车、打电脑游戏……

小结

爸爸的手又大又结实,还能做那么多事情,而且每个爸爸的手的本领都不一样的,爸爸可真了不起呀。

【设计意图:介绍调查表,目的在于引导幼儿回归自身,以调动他们的经验、激活情感。同时,借助调查表这个载体,图文并茂更能辅助幼儿进行表述,让每个孩子都能在不同程度上得到锻炼与提高。从活动现场看,幼儿所反映的内容非常丰富,且表现出对爸爸的亲近、崇敬等情感。如:爸爸的手又大又结实,力气很大,能拎很重的东西;爸爸的手能运动,有益身体健康;爸爸的手会修理安装电器、玩具;爸爸的手会照顾我;爸爸的手还会写文章、做家务……由此可以看出,幼儿通过前期活动,已具有鲜活的经验、真实的情感。可见,孩子在自主开展调查并记录的过程中,他们的学习能力、表达表现能力会得到不同程度的提高;而且,幼儿通过介绍自己的调查结果,也会增强对爸爸的关注,认识到爸爸的本领,并增进对爸爸的情感。】

二、仿编散文

1. 你们觉得自己爸爸的手的本领大不大? 那你们想不想把自己爸爸的手的本领也编到散文里去? 我们来试试看!

根据幼儿的反应,提出不同层次的要求,并给敢于尝试的幼儿一个金拇指作为奖励:

- 教师念散文的开头和结尾,幼儿将爸爸手的一个本领编入散文中。
- 尝试合作编散文:确定先后顺序,两人以上为一组共同完成散文。
- 尝试将自己爸爸的许多本领一起编进散文。（关键要引导幼儿思考自己先说哪个本领,再说哪个本领,最后呢?）

【设计意图:通过老师说部分,幼儿说部分→三名幼儿轮流说→集体与个别轮流说→幼儿自由仿编等不同的形式,引导幼儿尝试将之前的经验仿编到散文诗中去,并用奖励大拇指（全拇指）贴纸的形式鼓励幼儿积极仿编,激发兴趣。】

2. 你们还想不想编散文呀?那我们试试自己从头到尾完整地编编散文,如果编得好,老师也会奖励给你一个金拇指的。

【设计意图: 文学作品的仿编,是幼儿对作品的认知经验、语言经验、情感经验等的内化,是与生活经验整合后的提升,这需要情感和动机的驱动。由于有了前期调查的铺垫,幼儿对自己爸爸的手的认知逐渐清晰,表达对爸爸的爱的情感日趋强烈,而教师的作用,则是在倾听幼儿回答的基础上,引领幼儿在生活与作品之间建立联系,从而将自己对爸爸手的认知用散文式的语言表达出来。】

三、活动延伸

你们编的散文真好听!回教室以后我们一起把调查表"爸爸的手"做成一本小书,配上文字。有空的时候我们可以看看、说说关于爸爸的手的故事,还可以讲给其他班的小朋友听。每个小朋友回家再观察观察爸爸的手还有什么其他本领,把关于爸爸的手的散文编得越来越长!

【设计意图: 此活动延伸的主要价值在于满足幼儿个体活动的需要,也可进一步促进主题的深化与拓展。使幼儿带着继续仿编散文的小任务,进一步引发幼儿关注、关爱爸爸的情感与行为。】

活动解析

这是在主题背景下以文学作品为载体开展的一个学习活动。其内容来源于主题活动"我爱我家"中的素材点——散文《爸爸的手》。散文的文字生动,语句贴近幼儿生活,字里行间充满了孩子对爸爸、爸爸对孩子的爱。其内容简单,易理解,文中的事件几乎都是幼儿经历过的。通过欣赏散文中的内容,可以让幼儿更加深刻体会到爸爸对孩子的爱,激发幼儿对爸爸的崇拜、感激之情。其中文学作品的价值主要有两点:其一,在欣赏过程中引发幼儿对爸爸手的关注,激起对爸爸的手的探索愿望,能采用各种方法了解并表达爸爸的手(调查、记录、语言表达等）的伟大，从而增进亲子情感。其二，在仿编散文中，整合、提升作品及幼儿的生活经验。整个活动值得借鉴的有：

1. 活动形式的适切性

- 活动设计的适切性。通常，以文学作品为载体开展的教学活动大多会以欣赏为主，追求欣赏的全过程，而在本活动中，教师则根据主题开展的需要，将欣赏放在活动前，从而更有利于幼儿依据自己对爸爸的了解，学用规范成熟的语言仿编散文，使活动更能满足幼儿表现的需要。

- 幼儿经验的适切性。由于活动是在主题背景下开展的，幼儿在前期已经积累了一定的经验，而通过散文的仿编，则使幼儿的认知、情感、语言、作品经验得到整合与提升。

2. 活动内容的整体性

- 为了能有效地达成活动目标，教师应对整个活动的前后联系进行整体思考。这不只是一个单一的教学活动，而且是一个关于"爸爸的手"的系列活动。从欣赏散文（高结构活动）——调查活动（低结构活动）——仿编散文（个体经验与群体共享）等，呈现出高低结构以及形式、内容、手段等的有效整合。

- 从活动价值来看，除了活动中呈现的显性目标，该系列活动的目标还指向：在收集信息的过程中，激起幼儿对爸爸的手的探索愿望与行为，增进亲子之间的沟通与交流，并提升幼儿搜集信息的能力；在制作调查表的过程中，引导幼儿运用各种方法表现自己对爸爸手的了解，提升幼儿的表达表现能力。

3. 教师回应的有效性

- 善于捕捉信息。活动中，教师能从幼儿的回答中捕捉爸爸手的不同本领，并提出不同问题，拓展幼儿的思维，使他们的表达指向多种经验，呈现出丰富多彩的内容。

- 善于引导调控。教师在给予幼儿仿编形式与思路的基础上，根据幼儿的反应，变换仿编形式和方法，使活动更为生动。

- 善于调动情感。除了在仿编过程中注意激发幼儿对爸爸手的亲近、崇敬与自豪感，教师还刻意选择"金拇指"作为奖励，以激发幼儿参与的热情与积极性，使之更为投入。

活动 1-5

附《爸爸的手》（依据学习活动教材改编）

　　我的爸爸有一双大大的手，结实又灵巧，还很温暖呢。

　　大热天的时候，爸爸的大手轻轻摇着扇子，为我驱赶蚊子。

　　下雪天的时候，爸爸的大手握着我的小手，让我的小手变得暖暖的。

　　爸爸的大手还是能干的修理工，我的玩具坏了，只要几分钟，爸爸的手就把它修好了。

　　我的手也在渐渐长大，什么时候，我也有一双爸爸那样的大手。

如果我有一块钱（中班）

东余杭路幼儿园　孙蓓芳

活动目标

1. 仔细观察画面，理解三只小熊希望能有一块钱买自己想要的东西，却最后用一块钱帮助雪人的故事内容。

2. 能够通过模仿、改编、创编游戏儿歌，开展小熊发明的游戏。

3. 体验故事中三只小熊帮助雪人的快乐情感，萌发帮助别人的愿望。

活动准备

1. 绘本故事《如果我有一块钱》*。

2. 幼儿有去超市购物的经验。

活动过程

一、故事导入，引起兴趣

- 森林里有一家很特别的商店，它的名字叫"一元店"。

- 你们知道什么叫"一元店"吗？

【设计意图：由于幼儿有过去超市购物的经验，所以这个提问马上激发了孩子们回答问题的热情。有的说是可以用一元钱买到的东西；有的说这个超市里面所有的东西都只要一块钱……反响非常热烈。】

---

* 王蕾/主编.一树一世界（儿童文学金奖原创经典悦读）.同心出版社,2014.

二、阅读理解，观察讲述

1. 每天晚上三只熊都会在商店的玻璃窗上往里瞧，里面的东西真多呀。

● 他们看见了什么？他们感觉怎么样？

● 你怎么知道他们很想要这些东西？你是从哪里看出来的？

【设计意图：引导幼儿通过观察橱窗里的商品，以及三只熊脸上的表情，来揣摩此时三只熊非常希望得到自己想要的玩具的渴望心情，初步激发幼儿的想象。幼儿能够通过画面非常清晰地看到：三只熊有的眼睛弯弯、有的嘴角翘翘、有的舔着舌头，从而了解此时三只小熊的心情。】

2. 商店里有这么多好吃、好玩的东西。他们玩起了自己发明的游戏——如果我有一块钱。

● 三只小熊发明了什么游戏？

【设计意图：突出三只小熊采用游戏的方式来满足自己的心愿，引起幼儿对三只熊做游戏的兴趣，为仿编儿歌做好心理准备。】

● 这个游戏是怎么做的?

【设计意图:在幼儿仔细倾听故事以后,模仿小熊唱的儿歌,鼓励大家一起学一学。从个别幼儿尝试学习一、二句,到集体一起学习儿歌,初步掌握"如果……我要……"的句式,为后面仿编儿歌进行铺垫。儿歌的内容比较简单,琅琅上口,易记易学,幼儿也非常喜欢。】

小结

三只小熊每天晚上都会到商店门口玩"如果我有一块钱"的游戏,他们每次想买的东西都不一样,虽然他们没有一块钱,但他们总是很快乐。

【设计意图:虽然三只熊没有钱,但他们通过游戏来达成自己的愿望,这不也正是孩子们的心理表现。故事运用拟人化的手段来展示孩子们的心理,让孩子们易于理解,并愿意追随故事情节去探究三只熊最后是否梦想成真。】

3. 游戏做到现在,三只熊买到过东西吗?告诉你们一个好消息,有一天早上熊妈妈真的给了他们每人一块钱。

● 三只小熊拿到钱以后会怎么样呢?你是从哪里看出来的?

【设计意图:通过观察图片,幼儿非常明显地看到三只熊欢呼雀跃、蹦蹦跳跳且喜形于色的情景。此时,幼儿的心情也随之变得快乐,为小熊们终于可以满足自己的心愿而感到高兴。】

● 他们终于有了一块钱,又玩起了自己发明的游戏。现在他们会怎么唱呢?

【设计意图:老师逐一出示画面,展示三只小熊想买的东西,引导幼儿看图仿编儿歌。让幼儿通过观察思考,尝试将"如果……我要……"的句式转换为"现在……我要……"的句式来仿编儿歌,开展新的游戏。由模仿儿歌到仿编儿歌,老师为幼儿创设了一个小步递进的台阶,让幼儿快乐地游戏,快乐地置身于故事和学习中。】

● 第一只小熊唱道:"现在我有一块钱,我要买只大气球,飞呀飞呀飞上天。"第二只小熊唱道……

【设计意图:老师及时地将幼儿仿编的儿歌编入故事情节中,让幼儿感到自己仿佛也正

在和三只小熊一起做游戏,也会和他们一起唱儿歌,为之后大胆地创编儿歌增添了信心,打下了良好的基础。】

4. 遇见雪人——三只小熊紧紧地握着一块钱要到哪里去呢?

● 它们为什么要紧紧地握着一块钱?

【设计意图: 此时幼儿已经能够理解三只小熊因为有了钱就可以买到自己盼望已久的东西了,都纷纷说,"他们怕钱掉了,买不到东西了";"好不容易得到的钱,一定要保管好";"去一元店买自己最想要的东西"……】

● 咦,走到半路他们遇见了谁?

● 雪人拉拉看上去怎么样?

● 雪人拉拉碰到了什么问题? 怎么办呢?

【设计意图: 通过画面引导幼儿观察雪人的脸部表情、身体状况,鼓励幼儿想象雪人可能会碰到什么样的事情。至此,故事情节逐渐展开,由一开始三只小熊快乐地做游戏,到得到一块钱想去买东西,再到遇见了雪人,而雪人因为缺少三块钱不能购买去北方的火车票。故事渐入佳境,矛盾显而易见地展露在大家面前,三只小熊和孩子们都陷入了两难的境地。】

● 三只小熊会帮助拉拉吗? 他们是怎么想的?

【设计意图: 老师的提问不得不引发幼儿去思考现实。有的幼儿从观察小熊的动作、表情进行分析:有两只小熊伸出了小手,将一块钱递给了雪人拉拉;而另一只小熊显得有些不情愿,他不甘心好不容易得到的一块钱就这样送人了。有的幼儿从自身角度出发,认为在朋友有困难的时候应该伸出援助之手,帮助他解决燃眉之急。此时幼儿有讨论、有争辩,这可以看出孩子们既在为雪人拉拉着急,也在为三只熊将失去一块钱而纠结。其实在现实生活中孩子们或许也会遇到这样或那样的问题,要看自己是以怎样的心态来面对问题、解决问题,而故事给了孩子们很好的答案。】

- 现在三只小熊没有了一块钱,但他们还是很快乐,为什么呢?

【设计意图:通过这一环节,帮助幼儿初步理解:有时候虽然自己失去了一点东西,但帮助了别人。给予别人快乐的同时,自己也会获得快乐,一同分享和体验别人的快乐也是一件很高兴的事情。鼓励幼儿在遇到事情的时候,要愿意去帮助,并学会去帮助。】

5. 再玩游戏——晚上三只熊又去干什么了?
- 他们又玩起了自己发明的什么游戏?

三、完整欣赏,仿编游戏

1. 这个故事叫什么名字? 我们一起看一看、讲一讲。(看画面幼儿认读故事名称)

【设计意图:师生共同完整地欣赏一遍故事,讲到三只小熊做游戏的地方,可以让孩子们一起唱一唱,并将幼儿仿编的儿歌放入故事中,让幼儿有亲切感,感觉自己也一同参与了故事的编辑,增强了创编儿歌和故事的信心。】

2. 如果你也有一块钱,你最想买什么东西?

【设计意图:引发幼儿思考如果自己也有一块钱,可以用来干什么。虽然孩子们说的一些东西,都并非是花一块钱可以买到的,但孩子们同样体验到了故事中三只熊的游戏心态,让自己的心中也有个梦想,这是一种童趣的表露。】

3. 那我们也来做做这个好玩的游戏。

【设计意图:这里作为整个活动的高潮和亮点,通过让幼儿采用"如果……我要……"的句式来进行即兴创编,很好地展示了孩子们从模仿到仿编,再到创编的过程。让幼儿在阅读理解的基础上,既获得了情感上的体验,懂得了帮助别人的快乐,同时也初步培养了幼儿运用一定的句式仿编、创编儿歌的能力,让幼儿有成就感和满足感。】

活动1-6

故事《如果我有一块钱》里面的三只熊，每天都在做"如果我有一块钱"的游戏，梦想着有一天可以得到自己想要的好东西。终于有一天三只小熊真的有了一块钱，但是为了帮助朋友，他们却放弃了自己的愿望。故事中，小熊们既有游戏畅想时的满足，又有是否舍弃的纠结，更有帮助别人的快乐。这些，能使幼儿在观察、揣摩、理解小熊的心理变化中，获得情感与行为的升华。

可见，一个好的文学活动，不仅可以培养幼儿的观察力、表现力和创造力，还可以让孩子们从中获得丰富的情感体验，提高人文素养。

本活动根据此故事内容设计，注重培养幼儿以下四个方面的内容：

1. 观察力

每张画面的出现，教师均引导孩子们进行仔细的观察，并用比较准确的词语进行表达，例如：小熊看着商店里面好吃的东西口水都流出来了；小熊的眼睛都笑得眯成了一条弯弯的线了；小熊拿到了一块钱蹦蹦跳跳地往前走；小雪人看上去皱着眉头，不高兴的样子；有一只小熊看上去有点不舍得把钱送给雪人……诸如此类的回答都是幼儿通过仔细观察画面后表述的。从中可以看出中班孩子的观察点已经能够逐渐由大块面凸显的人物、事物表象转向一些较小的细节，以及人物、动物的表情等。

2. 表现力

故事中穿插了小熊自己创编的游戏，教师根据故事内容进行了一定的修改，将游戏中小熊说的话以儿歌的形式呈现，一方面便于幼儿记忆，另一方面琅琅上口，便于幼儿朗读或改编，这样的修改在活动中起到了较好的效果。第一次小熊做游戏的时候，孩子们听了一遍，基本上就能跟着进行复述了；第二遍小熊做游戏的时候，有的孩子已经能根据画面提示改编儿歌内容了，例如：如果我有一块钱，我想买只大风筝，飞呀飞呀飞上天；如果我有一块钱，我想买个机器人，一起游戏真快乐……

在引导幼儿进行儿歌创编的环节，当教师问小朋友，如果你也有一块钱，你会买什么东西？想干什么？由于有了故事中的前期经验，孩子们讲述的语句马上就变得琅琅上口，呈现出非常儿歌化的句式，孩子们的表达表现能力也一下子变得丰富起来。

3. 想象力

故事中有一些画面是需要孩子通过观察后发挥想象的,例如:小熊看见商店里有这么多好吃、好玩的东西,他们怎么啦? 小熊拿到了一块钱后会怎么想呢? 小雪人遇到了困难,三只小熊会怎么做呢? 孩子们通过观察画面,分析三只小熊的心理,都能比较清晰地讲述出小熊当时的想法和实际做法。比如在讨论三只小熊是否会把自己的一块钱送给雪人的时候,孩子们会说:妈妈好不容易给了小熊一块钱,小熊可以买自己最喜欢的东西了。但是现在雪人缺少三块钱,不能回到北方,它就会融化的。小熊还是应该把钱送给雪人吧! 这种颇有矛盾的心理非常贴切地体现出孩子们自身的想法,这也是他们内心真实的想法。

4. 情感体验

选择符合幼儿年龄和发展特点的文学作品,对幼儿而言无论是情感方面,还是认知方面都是非常有益的。对于中班孩子来说,通过活动能较清楚地理解故事中所包含的寓意,并由故事的内涵向外延拓展,从而对故事中小熊的梦想、游戏、获得、施予等不同的快乐情感有较好的理解与体验。总之,使幼儿在欣赏文学作品的同时能够自然感受帮助别人所带来的快乐,从而能学着去关注自己周围的人和事物。

附故事:《如果我有一块钱》

大森林里有一家小小的一元店。每天晚上,开店的老爷爷一锁门,就有三只小熊从大森林里溜过来,把鼻子压在玻璃窗上往里瞧,玩他们自己发明的游戏——如果我有一块钱。

第一只小熊唱道:"如果我有一块钱,我要买只胖陀螺,转呀转呀乐呵呵。"

第二只小熊唱道:"如果我有一块钱,我要买袋水果糖,香香甜甜味道好。"

第三只小熊唱道:"如果我有一块钱,我要买个花皮球,拍呀拍呀真好玩。"

三只小熊每天晚上都会到商店门口来玩这个"如果我有一块钱"的游戏,而且他们每天想买的东西都不一样。虽然,他们谁也没有真的得到过一块钱,但他们总是很快乐。

一天早上,熊妈妈给了三只小熊每人一块钱,他们乐得又唱又跳,高兴极了。

第一只小熊唱道:"现在我有一块钱,我要买只大气球,飞呀飞呀飞上天。"

第二只小熊唱道:"现在我有一块钱,我要买把小勺子,尝尝蜂蜜好味道。"

第三只小熊唱道:"现在我有一块钱,我要买个机器人,天天和我做游戏。"

三只小熊紧紧地握着硬币,向一元店跑去。可在半路上他们遇到了雪人拉

活动 1-6

拉。雪人拉拉耷拉着脑袋,看上去有气无力。

"哎呀,雪人拉拉!"三只小熊惊叫起来,"你怎么还没有出发去北方呀?天气开始暖和起来,你会融化的"。

"我的钱不够买一张去北方的火车票,还缺三块钱。"

因为三只小熊都非常喜欢雪人拉拉,他们说:"太好了,我们正好有三块钱,给你去买火车票。"他们就高高兴兴地把手里的三块硬币送给了雪人拉拉。

虽然他们没有了钱,可他们还是很快乐。晚上三只小熊又来到一元店门口,把鼻子压在玻璃窗上往里瞧,又玩起了他们自己发明的游戏"如果我有一块钱"。

特别的羊（中班）

东余杭路幼儿园　蔡晔

活 动 目 标

1. 仔细观察画面,尝试从画面中有针对性地获取信息。
2. 理解并表述特别的羊的种种"特别"之处,感受其中的变化。

活 动 准 备

PPT课件、绘本《有个性的羊》*。

活 动 过 程

一、情景导入,引发兴趣

PPT展示:文字("特别")——文字+图片("特别的羊")——绘本封面,逐幅呈现,并辅之以提问:

提问:什么叫特别?故事里谁很特别?

过渡:这只特别的羊特别在哪里呢?

【设计意图:活动开门见山地让孩子对关键词进行解释,且现场结合孩子们比较熟悉和理解的现象进行诠释——特别的情境、特别的装扮、特别的遭遇,帮助不同发展水平的幼儿正确理解"特别"一词,在倾听中学习如何较为清晰地表述"特别",为后续活动的开展打下基础。】

---

* （德）达尼拉·楚德岑思克/文,（德）达尼拉·楚德岑思克/图.有个性的羊.王星/译.湖北美术出版社,2007.

二、"特别的羊"——特别之处的理解

1. 这只羊"特别"在哪里?

(1)"特别"的起因:不愿意剪羊毛。

重点观察:羊群去干什么?"特别的羊"在哪里?结果呢?

【设计意图:幼儿观察第一张图片发现"特别的羊"的特别之处:不愿意剪羊毛而显得毛很长。而这也是整个故事发展的起源与根本。上述问题的设置相对聚焦,便于孩子们用简短的语言进行表述。】

- -

(2)"特别"的利处

依次呈现三张图片(打上漂亮的蝴蝶结,寒风中有着厚厚的羊毛,游戏时别具一格的躲藏等),提问:仔细观察这三幅图,请问这只羊有什么特别的地方?教师要求幼儿有针对性地观察画面,并用句式"特别……"进行表述,例如特别漂亮、特别暖和、特别聪明。

【设计意图:教师引导幼儿集中观察图片并感受"特别的羊"因为毛长带来的幸福——漂亮、温暖、玩游戏时的从容,帮助幼儿梳理逻辑、理清思路。采用"特别……"的重复句式,帮助幼儿在模仿的基础上学习归纳讲述,这也是语言学习过程中较为常用且有效的方式。】

- -

(3)"特别"的弊处

同时呈现图片(夏季炎热,活动时很笨重),提问:"特别的羊"还会遇到什么特别的事呢?有没有什么特别的问题?看看到底是什么问题呢?谁能用特别来说说"特别的羊"这时候的感受?

【设计意图：教师继续用同样的句式"特别……"引导幼儿集中观察。对孩子而言，观察会更具体，表述时也会更加贴近主题。然而，这次体验到的却是完全不同的感受，毛长、毛多原来也会带来麻烦——出汗、热、疲惫、不方便，给幼儿带来新的思维冲击：同样的现象，在不同情况下会出现截然不同的结果。幼儿感受着辩证式的思维方式，自然地进入下面的环节……】

2. "特别的羊"遇到了问题，你们说它会怎么做？（幼儿发散性思考。）

【设计意图：毛长带来了特别的快乐，也同样会带来特别的麻烦，如何做才是最适宜的呢？孩子们通过不断地观察、分析、思考和判断，理顺了思路，用自己的奇思妙想给出了合理的建议：剪毛是大势所趋。不过，也有孩子运用生活经验给出了"把羊毛像扎辫子一样扎起来"的建议。】

3. "特别的羊"做了一个特别的决定，看看是什么？（故事印证）
4. 剪下来的羊毛可以用来干什么？

【设计意图：这一环节又让孩子们联想到了已有的生活经验。通常，易于回答的问题能让不同能力、不同水平的孩子都有回答的愿望，且有能力回答。因此，对以羊毛为原材料的生活用品进行了一次大汇总。】

5. "特别的羊"这一次又会有什么特别之处呢？完整欣赏故事。

【设计意图："特别"这个关键词贯穿于整个活动。在这一次，"特别的羊"将从自己身上剪下的羊毛送给了羊群中的每一个伙伴，为它们都送去了一份温暖的礼物。这种温暖，不仅让伙伴们身体上暖和起来，更让伙伴们的心里也感到温暖。在故事的最后，当幼儿完整地欣赏了整个故事，除了感受到情节的变化，也同样感受到这只"特别的羊"和羊群之间的关系变化，潜移默化地为孩子特别示范了"如何与同伴相处"。对于中班的孩子而言，这有着与生活相一致的启示……】

三、总结

1. 真的有这样一只羊吗？说说你的理由。

【设计意图：没有标准答案的提问，让孩子们有机会充分表达自己的想法。这类问题能有效激发孩子"说"的愿望。】

2. 介绍绘本的后半部分，增加趣味性。

【设计意图：绘本的最后有一段特别的说明：真的有这么一只"特别的羊"曾经震撼世人。这一点给了孩子新的冲击：原来，故事并不完全是编出来的，其中的某些东西原本是源于生活的。换而言之，作品从来就是"源于生活而又高于生活"。】

活 动 解 析

从《有个性的羊》到《特别的羊》

绘本《有个性的羊》是一本让人读后久久回味的作品。从小羊开始不愿剪羊毛——感受自由生活的种种快乐——感觉到长毛引起的不便——主动去接受剪羊毛——送给同伴由羊毛制成的礼物。其中的变化以及这一只"有个性的羊"作为羊群中的一只与其他羊之间的关系，都耐人寻味。此外，作品中的画面也极具冲击力。因此，它是一个有价值的课程资源。

1. 关注绘本的教育内涵，有效择取和调整绘本内容

为了使活动更符合中班孩子的特点，且有效达到教学目的，教师对教材做了一些调整。

首先，将故事名称"有个性的羊"改为"特别的羊"，便于中班孩子理解。其次，从作品中选择体现羊的"漂亮、暖和、聪明"以及对比强烈的"热、重"等画面，以便于孩子归纳、辩证式理解。此外，在PPT的制作过程中，根据因为长羊毛而产生的利、弊以及解决问题的顺序呈现画面，便于孩子的观察、思考、理解和表述。再次，将"特别"作为教学活动的切入点，始终凸显和贯穿于活动中，且提问时始终围绕"特别"一词，便于幼儿的语言模仿以及针对性表述。

2. 遵循幼儿的认知特点，设计活动内容

"特别"一词在活动中频繁出现，从教师的提问逐步地转移到幼儿身上。孩子们在仔细观察图片的基础上，充分理解了赫尔伯特在不同情境中所表现的各种"特别"，也就是不同。

在阐述基于对画面的理解过程中，孩子们在老师的提醒下学习用"特别……"的句式去归纳。这也是帮助孩子用简洁的语言去描述画面，与"侃侃而谈"的大篇幅讲述相比较，这培养的是幼儿语言表达的精准力和概括能力。

3. 注重活动的结构清晰，不机械、不死板

整个活动的结构清晰。从了解"特别"的好处，到感受"特别"所带来的负面影响，再到"特别"的感悟、"特别"的行动，活动辩证地、全方位地让孩子们感受到"特别"的种种内涵。尤其活动最后对于"特别的羊"是否真的存在，更是一次对孩子们"特别"的检验。孩子们大胆地表达自己的想法，甚至有孩子呈现了这样的回答："有"和"没有"一半一半，真实展现了孩子们思维变化的过程。

整个活动没有唯一标准的回答，观察、讲述、表达自己的感受。"预料之外"激励着孩子们不断讨论，既推动了幼儿的语言发展，有利于幼儿感受并养成辩证式思维。因此单位时间内集体教学活动的价值非常凸显。

附故事：《有个性的羊》

星期一是剪羊毛的日子。当然，不是每个星期都这样哦，不过，今天所有的羊都要去剪羊毛。是的，所有的，除了……赫尔伯特。

赫尔伯特从来不去剪羊毛。有什么必要呢？她觉得浓密厚实的毛实在太暖和了。就在赫尔伯特得意地在草原上蹦蹦跳跳的日子里，她的毛变得越来越长，越来越多了。

瞧，赫尔伯特能轻松地赢得任何一场捉迷藏游戏的胜利。因为，那厚厚的羊毛是她最好的掩护。冬天，草原上北风呼呼吹的时候，别的羊冷得瑟瑟发抖，赫尔伯特还是感觉暖暖的。过生日的时候，赫尔伯特也显得与众不同，她时尚的发型让所有的伙伴都羡慕不已。

"赫尔伯特好特别哦！"一只羊对另一只羊轻声地说。

可是有一天，赫尔伯特开始冒汗了。她全身的毛纠缠在一起，看起来乱蓬蓬的！别的伙伴玩滚草垛的游戏时很轻松、很漂亮，可她却跳也跳不起来。那身毛，实在是太长太重了呀！

于是，在一个星期一的早晨，赫尔伯特做出了一个重要决定……

所有的羊都要去剪羊毛。是的，所有的。当然，这次也包括赫尔伯特。

现在，赫尔伯特脱去了厚厚的"外套"。不过，她一点儿也不觉得冷，其他的羊也没觉得。这是因为，赫尔伯特的毛给大家带来了温暖。赫尔伯特从此更出名了。

你是不是以为现实中并没有赫尔伯特这样的羊？那你就错了！2004年4月，新西兰一只名叫史来克的羊引起了世人的关注，因为它已经连续七年没剪羊毛了。谁也没有想到，这只有个性的羊离开了自己的羊群，到山区过着孤独的生活。远远看去，史来克就像是一块巨石。幸好，另一只羊偶然地发现了这个几乎已经无法认出的同类。

结果，剪毛师在史来克身上剪下了27公斤羊毛，总长度连接起来足足有53 000公里长呢！史来克也因此闻名世界。

快乐长大（大班）

东余杭路幼儿园 蔡晔

活动目标

1. 在看看、说说、猜猜的过程中，感受阿力从不快乐到快乐的心理变化。
2. 萌发做个快乐小孩的愿望。

活动准备

绘本《你很快就会长高》*，PPT课件、音乐《左手右手》。

活动过程

一、聚焦主题，感受内心

1. 出示扉页。

● 你看到了什么？

一猜：这是谁看到的画面？

【设计意图：开门见山地让孩子对图片所呈现的独特视角进行关注和猜测，有利于了解主人公阿力的"个子小"的特别，同时更凸显阿力的困扰。如果孩子不能抓住重点，可以追加问题"这画面会是高高的人看到的，还是矮矮的人看到的？"选择性的问题可降低难度，引导孩子快速聚焦。】

---

* （英）安琪雅·薛维克/文，（英）罗素·艾图/图.你很快就会长高.余治莹/译.湖北少儿出版社，2009.

2. 图片验证,引出主人公。

● 初次见面,阿力给你什么样的感觉?这是一个什么样的小男孩?(个子、表情、心情。)

【设计意图:从外在的联系到内在的心情关注,能让孩子们感受到阿力的困扰。】

● 阿力的愿望是什么?(解读画面)

3. 呈现图片大树、长颈鹿与叔叔以及文字"我要长高",加以验证。

【设计意图:大树、长颈鹿、高高的叔叔这三个不同的画面传递的是同一个信息——希望长高,引导孩子们从关注单个画面转向关注画面间的相互关系。这是引导幼儿阅读画面以及拓展思维的一种方法。】

● 阿力的愿望为什么是"我要长高"呢?

二、展开情节,激发情感

● 有什么办法可以让阿力长高?

【设计意图:让孩子们运用生活经验帮助阿力解决问题,这是孩子们对生活经验的回忆与提炼:多喝牛奶、多吃水果、多睡觉、多跑步等。大人平时对孩子们的教导此时来了一次"拷贝不走样"。因为孩子们有话可说,活动现场的气氛比较轻松活跃。】

● 逐渐展开情节,看看阿力用了一些什么方法。

1. 妈妈说了什么?阿力怎么做的?还有哪些食物含有蛋白质啊?整整三个星期过去了,看看效果怎么样?(呈现阿力量身高的画面,但发现并没有明显长高。)

2. 爸爸怎么说啊?阿力怎么做的?我们一起来帮阿力加加油,做个运动操吧!(脖子扭一扭,手臂伸一伸,小腿踢一下,往上跳一跳。)整整三个星期过去了,阿力长高了吗?(呈现阿力测量身高的图片,但发现阿力还是一点都没有长高。)

3. 阿力又去问谁?姐姐想了一个什么好办法?怎样才能使自己快快睡着呢?整整三个星期过去了,你们说阿力长高了吗?(继续演示阿力测量身高,呈现图片——阿力一点都没有长高。)

【设计意图:随着情节的发展,依次呈现三个与长高相关的情节片段,激发对幼儿生活经验的回忆,并进行适当的拓展,使孩子们对怎样才能长高、长大有了较为完整的认识。尤其是当孩子们用比较完整的语言,跟着音乐的节奏,一起体验"运动"方法帮助阿力长高时,深得孩子们的喜欢,现场效果良好。】

二猜:用了这么多的办法,你们说,他长高了吗?

4. 动画演示阿力测量身高的过程:阿力一点都没有长高。

- 面对这样的结果,阿力会怎么想? 他又会怎么做?
- 阿力会放弃他的愿望吗?

【设计意图: 这样的问题设置帮助孩子体验执着、不轻易放弃的积极态度,对孩子的发展是有价值的。】

- -

5. 幼儿观察图片(阿力找到了谁?他们之间说了些什么呢?)

"叔叔,快点告诉我,有什么办法可以让我长得像你一样高?"
"你做的这些都没错,不过你要有耐心,慢慢来。"

【设计意图: 这样的环节设计承上启下,既是对孩子之前积极思考如何解决问题的一种肯定,又是对之后故事转折的一个铺垫,将环节间的转换变得自然、顺畅。】

- -

6. 叔叔对阿力说了一些什么?

叔叔:你可以照我说的去做……

- 听了叔叔的话,阿力做了哪些事情?

三猜:照着叔叔的话去做,阿力真的发生了一些变化。究竟是什么样的变化?

7. 呈现一组画面:

(1)每天早上,阿力给爸爸、妈妈和姐姐一个拥抱。

(2)阿力泡在有一百万个泡泡的浴盆里吃冰棒。

(3)阿力骑自行车骑得飞快,把周围的声音全都盖过了。

(4)阿力用力跳进游泳池里,水花儿溅得好高好高。

(5)阿力每天给同学们讲一个叔叔说的笑话。

(6)阿力对着镜子里面的自己微笑。

请幼儿观察这6幅图并自主选择图片说一说阿力的变化。

三、心灵撞击,抒发快乐

1. 完整地欣赏配乐故事,用图片、文字验证:阿力变成了最快乐的男孩。

【设计意图:该活动从表情、心情开始,又从表情、心情结束。前后的变化让孩子感受到活动中最主要的价值——快乐每一天才是最重要的。】

2. 跟随音乐用动作抒发快乐情感。"原来,快乐地长大才是最重要的。让我们快快乐乐每一天!"

【设计意图: 最后的音乐很应景地把快乐放大到一个高度,"听,他正听着音乐在跳舞呢!"现场的氛围、情绪也都达到了高潮,"快乐"在每个孩子的脸上绽放。】

活 动 解 析

从《你很快就会长高》到《快乐长大》

绘本《你很快就会长高》是一本令人读完久久回味的作品,其核心价值在于对孩子心理上的疏导。绘本内容贴近幼儿的生活,主人翁阿力"希望长高"的愿望恐怕是每个人在成长的过程中都曾期盼过的。为了将渴望长高的愿望付诸实践,阿力询问了他周围的每个人,爸爸、妈妈、姐姐等,每个人都给了他努力的方向,而他也都去一一实践了,可是并未见效。于是,阿力又去找叔叔——阿力见过长得最高的人。故事在这里开始发生变化:叔叔向阿力辩证地诠释了"长得高"所面临的状况,并且告诉阿力"不要只想让个子长高,要内心长大才对"。从之前普适意义上的生理长高转变成了心理成长的内容。阿力照着叔叔的话去做,终于发生了变化!作者透过这个有趣的故事,引领小孩子去思考什么才是最重要的——拥有一个快乐的心情与行为,是每个小孩的权利啊!绘本中,阿力的执着、努力、寻找问题的解决方法等等这些积极向上的因素都显示出这是一个适合进行集体教学的课程资源。

"长高"是阿力力图解决的问题,但在绘本中并未得到圆满解决,但是叔叔让阿力换了一个思路,鼓励他去追求快乐。所以,将活动更名为"快乐长大"更为妥帖。整个活动中,孩子们始终跟随着主人公"阿力",为他的"长高"出谋划策,在想尽所有方法未果时,他们和阿力一起在叔叔的引导下,辩证地看待"长高"这个问题,最终了解到长高是长大的伴随现象,快乐长大、享受快乐的成长过程才更为重要。此活动对于孩子的心理疏导有着正面引导的作用,目前很少在幼儿园集体教学活动中出现,这是一次有意义的尝试。

附故事：《你很快就会长高》

阿力是一个小男孩。

他的个子很矮，学校里的同学都叫他"矮冬瓜"。也因为他的个子很矮，姐姐的朋友都喜欢拍拍他的头说："嗨，小可爱。"

阿力不喜欢自己的小个子，他很不快乐。他好希望快快长高。

"妈妈，怎样才会长高啊？"阿力问。"蛋白质！"妈妈说："每一餐都吃含有蛋白质的食物，你很快就会长高的，阿力。"

整整三个星期，阿力一直吃鱼、吃蛋、吃鸡肉、吃奶酪和烤豆子。他每天喝八杯牛奶，因为妈妈加了许多蛋白质在里头。可是没有用，他一点儿也没长高。

"爸爸，怎样才会长高啊？"阿力问。"运动！"爸爸说："多做运动，常常拉胳膊和拉腿，这样，你很快就会长高的，阿力。"

整整三个星期，阿力每天都绕着花园跑步，不断地跳高和跳绳。爸爸还帮他做了一部特别的伸展机器，阿力每天上学前，都会用它来拉胳膊和拉腿。可是没有用，他一点儿也没长高。

"爱玛，怎样才会长高啊？"阿力问姐姐。"睡觉！"姐姐说："多睡一点，这样，你很快就会长高的，阿力。"

整整三个星期，睡觉时间一到，阿力就乖乖上床，绝不拖拖拉拉的。可是没有用，他一点儿也没长高。

他还是一点也不快乐。忽然，他想到一个办法。"有办法了。"阿力说，"我可以问叔叔！"叔叔长得很高，是阿力见过的最高的人。"你很想长高，是吧？"叔叔问。"是的，快说嘛！"阿力说。"我先告诉你，长得很高会碰到什么麻烦。"叔叔说，"走，跟我来。"

"首先，如果你长得很高，就塞不进车子里，每次都要被挤得扁扁的。"叔叔说。"哦……"阿力回答道。难怪叔叔开车都歪歪扭扭的。"再就是，每次进门的时候，你都要记得低下头。"叔叔说。"哦……"阿力说。难怪叔叔的额头上经常被碰出脓包。"还有，你不容易买到合身的衣服穿。"叔叔说。"哦……"阿力说。"难怪在寒冷的冬天里，叔叔还穿着短裤子呢！"

"也许长得像你这样高，不是一件好事。"阿力说，"不过，我还是希望个子不要这么矮。""你一点儿也不矮！来，告诉你一个秘密。"叔叔说，"不要只想让个子长高，要内心长大才对。""什么意思？"阿力问。"注意听。"叔叔弯下腰在阿力的耳朵边小声说话。

从那一天起,阿力照着叔叔的话去做所有的事。每天早上,给爸爸、妈妈和姐姐一个拥抱。

晚上,泡在有一百万个泡泡的浴盆里吃冰棒。

骑自行车骑得飞快,把周围的声音全都盖过了。

用力跳进游泳池里,水花儿溅得好高好高。

每天,给同学们讲一个叔叔说的笑话。

对着镜子里面的自己微笑。

你知道发生了什么事吗?叔叔说的办法有用了!

阿力不再是最小的男孩。他变成了——最快乐的男孩!

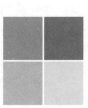

大熊有个小麻烦（大班）

东余杭路幼儿园　姚悦心

活动目标

1. 通过关注画面细节并联系生活经验,推测大熊的麻烦到底是什么。
2. 知道倾听也是帮助别人的一种方法,在真正了解别人的需要后帮助解决麻烦事。

活动准备

绘本《大熊有个小麻烦》*,PPT课件,大熊卡片。

活动过程

一、介绍大熊,分享经验,激发兴趣

出示一只大熊卡片。

"大家好,我是大熊,最近我有点小麻烦……"

- 什么是麻烦事呢? 你遇到过什么麻烦? 如果你遇到麻烦你怎么办?
- 大熊的麻烦事是什么呢? 我们跟着他去看一看。

【设计意图:直截了当地引出故事主角,用经验交流、分享的形式,让幼儿了解"麻烦事"的概念:是让人头疼、感觉不方便且一个人解决不了的事,从而体会大熊此刻的心情,为幼儿欣赏绘本进行心理铺垫。】

---

* （奥）海兹·雅尼什/文,（奥）西尔珂·萝芙妮/图.大熊有个小麻烦.漪然/译.湖南少年儿童出版社,2008.

活动1-9

二、分段讲述,理解故事内容,模仿故事中的对话

1. 出示帽子商店的图片,完整讲述故事,初步理解大熊叹气的原因。

（1）大熊去了什么地方？它会买什么呢？

（2）大熊为什么叹气？你听到了什么？

小 结

大熊有个小麻烦,它想讲给帽子店的店员听。店员没听完大熊的话,大熊的麻烦还是没解决,所以它叹气。

【**设计意图**：第一段完整感受故事中的对话,并对孩子的回应进行简单梳理,旨在让幼儿对大熊的麻烦为什么没得到解决整理出初步的逻辑,为后面模仿大熊的对话做准备。】

---

2. 观察医院图片,猜测情节,重复欣赏对话。

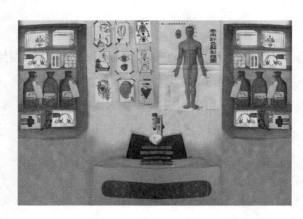

（1）大熊又往前走，他到了什么地方？你怎么知道的？

 小 结

从墙壁、医生的制服、橱窗里看出：原来这是医院啊。

【设计意图：引导幼儿观察画面细节，判断大熊去了什么地方。】

（2）大熊去医院做什么？它真的生病了吗？
● 听听大熊是怎么说的呢？

 小 结

大熊说，"我有个小麻烦，请问……"大熊的话还没说完，医生急忙打断了它的话："欢迎您来我的医院，我一看就知道，你得了什么病……"

【设计意图：再次欣赏故事中的对话，可以让幼儿学习大熊的提问，对大熊的提问和医生的回答有个更深的印象，为之后的对话模仿再次铺垫。】

（3）大熊真的生病了吗？它的麻烦解决了吗？

【设计意图：回到了麻烦解决这个问题上，让幼儿感受到"大熊和其他角色间的对话"和麻烦解决是有关联的，吸引幼儿再次把关注点放到对话上。】

3. 出示车站图片，进行角色扮演，继续猜测大熊的麻烦事

这次大熊会找谁？你从哪里看出来的？如果你是大熊，你会怎么对司机说呢？我们一起来扮演大熊，问问司机吧！

教师小结：大熊来到车站，找到了司机，对它说"我有个小麻烦，请问……"话没说完，司机就打断了大熊的话："欢迎乘坐我们的大巴，我一看就知道，您一定想去兜兜风吧，滴滴滴，出发喽！"司机兜了一圈回来，大熊"嗨……"叹了一口气，还是不高兴。

【设计意图：请幼儿扮演大熊，教师扮演司机。通过对话（幼问师答、师问幼答、幼问幼答等），在角色体验中，使幼儿感受到大熊说话被打断时的难受，从而理解大熊为什么这么不高兴。】

三、归纳梳理,理解故事核心,联系自己的生活

- 为什么大熊走了一大圈,找了这么多的人,它的麻烦还是没解决呢?

教 师 小 结

每次大熊说"我能不能……"的时候,它都被朋友打断了。

【设计意图:有个别敏感的幼儿已经能感受到大熊不高兴的原因了,老师抓住该部分幼儿的回答,让其他幼儿恍然大悟:原来只有听清别人的问题,才能真正帮助到他人。】

- 这次我们耐心听,听听大熊到底有什么麻烦事吧!(播放大熊的心事录音)大熊遇到了什么麻烦呢?

小 结

对呀,如果有朋友来和你说话,你可千万别像大熊的朋友一样。当别人在和你说话的时候,一定要等别人把话说完,这样你才能真正帮助到他。

【设计意图:联系幼儿自己的生活,让每个孩子做一回实践者,真正带着帮助别人的热情,静下心来,认真听清大熊的心里话,这才是整个活动真正的亮点,也是整个活动的核心价值所在。】

四、拓展经验,寻找解决的办法,分享快乐

- 大熊来我们幼儿园了,你们会想什么办法让它高兴起来呢?

教 师 小 结

我们可以和大熊做朋友,为大熊跳舞、唱歌、让大熊高兴起来。

【设计意图:围绕绘本,让幼儿紧扣绘本的内容想办法解决大熊的麻烦,以快乐共享的方式作为结束环节。】

　　《大熊有个小麻烦》来自"暖暖心"绘本系列,主题是"学会倾听与倾诉"。里面的主要形象是:吞吞吐吐、欲言又止的大熊;热情但老是打断大熊说话的店员们。这些形象像极了班级里那些内向或性急的孩子们。为了使绘本更贴近孩子的生活,教师在设计过程中,对大熊进入的店铺进行了筛选,还增加了医院等公共设施,希望能拓宽孩子对城市的理解。对于绘本中大熊的语言,教师也将其修改为相对统整的格式:"我有个小麻烦,请问能不能……",以便于孩子们易于模仿和创编,也为孩子理解大熊真正麻烦的来源提供依据。

　　整个活动过程中,教师可圈可点的地方有:

一、抓住题眼和角色,设计提问时比较注重高低结构的结合

　　例如在活动开始时,设计了"什么是麻烦? 你有麻烦么?"然后又出示大熊的形象,让孩子猜测大熊的麻烦是什么,开门见山地提问,把孩子引入绘本创设的情境中。

二、充分观察绘本,注重孩子观察能力的培养

　　通过PPT、店门的大图设计,让孩子充分观察细节,又通过提问,例如"大熊去了什么地方? 你从哪里看出来的?"等,帮助幼儿仔细观察图片。引导幼儿对细节的观察,让他们不断积累阅读经验,这也是充分利用绘本注重细节描绘的特点。

三、采用各种形式练习对话,帮助孩子理解作品

　　通过两次欣赏绘本,让幼儿带着"大熊的麻烦究竟是什么"的疑问来推测大熊的麻烦,然后在师对幼、幼对师、幼对幼的对话练习中积累言语经验,即:当孩子真正模仿大熊和店员间的对话时,孩子们逐渐体验到"让别人把话说完,才能真正帮助到他"的道理,活动的关键价值也正在此。

四、活动重点在于帮助大熊解决麻烦,并适时融入孩子们的生活中

　　"大熊到我们幼儿园了,它想请小朋友帮助它"这句话一出,马上引起了孩子们的兴趣。大家都屏住气,安静地听大熊的叙说。听完后,孩子们展开了激烈的讨论,他们想出了很多让大熊摆脱孤单、黑暗的方法,"买个灯"、"买张舒适的床"、"唱歌跳舞"……几乎都来自孩子们的经验,让活动充满了温馨。

　　立足观察、注重情感,让孩子通过情境的创设、参与绘本的续编,从被动到主动,从客人变成主人,让绘本在孩子心中活起来。这也是绘本集体教学中的神来之笔,希望在以后的教学中能设计得更好,思考得更周到。

重要书（大班）

东余杭路幼儿园　徐蓓莉

活动目标

1. 欣赏散文诗，了解不同事物的特点，明白散文诗中"重要"的含义。

2. 初步尝试按一定句式仿编散文诗。

活动准备

绘本《重要书》*，PPT课件，创编的图片若干幅，勺子，鞋子。

活动过程

一、出示绘本，引起兴趣

你知道我今天带来的这本书叫什么名字吗？（出示绘本封面）

你认为什么叫"重要"呢？在生活中你碰到过重要的事情吗？到底有多重要？

【设计意图：通过上述提问帮助孩子初步理解"重要"的含义，并借由孩子们的生活经验加深对"重要"含义的理解。】

二、欣赏、理解、学说散文诗

1. 出示实物勺子

这个东西我们小朋友可一直都要用的噢（勺子）。

---

* （美）玛格丽特·怀兹·布朗/文，（美）雷欧纳德·威斯加德/图.蒲蒲兰绘本馆：重要书.崔维燕/译.二十一世纪出版社，2010.

对勺子来说,最重要的会是什么呢?

你是怎么用勺子吃饭的呢?

(1)完整欣赏散文诗

对勺子来说,最重要的是用它来吃饭。

轻轻握住它,舀好饭菜,送进嘴里。

(2)分句模仿学说

谁能像散文诗那样说一说? 谁能把它连起来说一说。

2. 出示实物鞋子

这件东西和我们小朋友的脚是最好的朋友,猜猜它是什么?

对鞋子来说,最重要的是什么?

过渡:为什么你觉得这是鞋子最重要的呢?

师幼归纳总结:对鞋子来说,最重要的是穿在脚上。

　　　　　　陪我运动,陪我郊游,陪我走遍天涯海角。

3. 播放小草视频

你有没有仔细观察过小草,它是什么样子的?

看了这段视频,小草给你带来怎样的感觉?

(追问:摸过吗? 走在上面感觉怎么样?)

追问:听听散文诗里是怎么说的? 对小草来说,最重要的是它青青的绿色。

小草嫩嫩的,一点点长高,有股清新的香味。

4. 出示天空图片

这是什么? 对天空来说,最重要的又是什么呢?

说说你的理由？

- 教师归纳总结：对天空来说，最重要的是它总在那里。高高的，飘着云朵；蓝蓝的，充满了空气。

5. 刚才你们听到的散文诗里都说了哪些话？你听到了什么？（完整欣赏）

【设计意图："勺子、鞋子、天空、小草"这几个名词都和孩子的生活息息相关，只有孩子熟悉的事物才能最大程度地激发孩子的想象和思维。在不同声音的碰撞后，老师再来梳理、提升，就能有效帮助孩子从不同角度去看待事物。】

三、提供三张图片，分小组创编。

图片上是什么？对谁来说，最重要的是什么？说一说原因。

（出示图片：玻璃杯、苹果、风）

【设计意图：孩子们仿编得非常棒！每个小组都能从不同的角度积极、大胆地进行仿编，而且每个小组都有不同的成员自信地讲述属于自己的散文诗。】

四、那对我们小朋友来说，现在最重要的又是什么呢？（发散思维）

1. 老师总结：对你来说，最重要的是你就是你。你是一位大眼睛的男孩；你是一个高个子女孩；你是一个有着小酒窝的男孩。

2. 能告诉大家你还有什么特别的地方吗？

3. 听听散文诗里又是怎么说的呢?

4. 出示绘本《重要书》。教师：里面还有许多重要的事物等着你去发现呢！和你的好朋友一起来分享吧！

活动解析

本活动使用的是一本散文诗体裁的绘本，有着柔美的诗、优美的图，还渗透着意味深长的哲理——任何事物都有它存在的理由，都有它最重要的一面。所以，这本绘本非常适合大班下学期的孩子阅读。绘本通过不同的呈现方式，让孩子用心去感受周围的事物，领悟"对于……来说，最重要的是……"的内涵。这有利于孩子感知并学习绘本中反复呈现的句式，并进一步拓展，尝试用优美、生动、诗意且幽默的语言去描述周围事物的"重要"特征。通过不断启发孩子去观察和思考周围的事物，激发孩子们的智慧火花，从而闪现出更多新鲜的想法。绘本中最后的"你就是你"能够充分地让孩子在成长中发现自己、肯定自己，鼓励孩子有信心坚持和发展自己的个性，这也是绘本中最重要的内涵！

1. 由近及远,由浅入深,感知并理解散文

为了帮助幼儿更好地感知并理解散文,教师在引导幼儿欣赏散文时,第一、二段便呈现描述"勺子"与"鞋子"的散文诗,因为孩子们对勺子和鞋子是非常熟悉的,对其形状、作用也有一定的了解,能够用自己的话语进行讲述。同时,依次呈现的"小草"视频又给了孩子新的刺激,孩子在观察小草的生长过程中对小草的颜色、生长过程以及小草带来的感觉有了更为直观的了解,为其讲述再次搭建平台。从实际教学情况来看,孩子对"天空"这一段的讲述较多,讲述内容主要源于孩子的已有经验,大多是和天空有关的小动物。在孩子已有经验的基础上,这首散文诗则把事物的属性展现给孩子们,让孩子了解天空还有更重要的属性——总在那里,从而进一步加深对事物的理解,更好地感知并理解散文。

2. 基于句式,分组创编,丰富认知经验

在基本理解散文内容与表述形式的基础上,教师提供了玻璃杯、苹果、风等图片,让孩子自由结伴、自主选择,学习用散文的表述方式来创编散文诗。此外,教师提出"图片上是什么? 对谁来说,最重要的是什么? 说说原因或理由。"等一系列问题,引导幼儿依据散文的句式,思考并表述创编对象的"重要"之处。孩子们通过对不同的事物——小勺、鞋子、小草、天空等的特点的理解与表述,大都知道要从不同维度(如事物的颜色、作用、形状、性质等方面)进行想象,并从不同角度表达事物的独特之处。因此,在整个活动中,逐渐丰富了孩子的认知经验。

3. 回归自身,发现自我,展现散文的内涵

在活动中,结束环节的发散提问把活动推向高潮。孩子们结合自己的感想讲述自己现在最重要的是什么,并结合散文诗的意境大胆表述自己的独特之处,在发现自我、肯定自我中,使得文本中所蕴藏的内涵得以进一步升华。

上面和下面（大班）

东余杭路幼儿园　周敏怡

活动目标

1. 理解故事，在感受小兔帮助大熊改掉偷懒坏习惯的过程中，了解蔬菜的相关知识。
2. 体会朋友间的友谊，知道只有付出才会有收获。

活动准备

绘本《上面和下面》*，PPT课件。

活动过程

一、呈现故事角色，引发对故事情节的关注

　　PPT呈现大熊与小兔——它们在一起，会有一个怎样有趣的故事呢？

　　【设计意图：大熊和小兔在外形、生活习性与习惯等方面有着较大的差异，提出此类问题，有助于幼儿展开比较与联想，从而对故事内容产生兴趣。当然，故事的导入时间不宜太长，教师需及时过渡到下一环节，让孩子带着疑问与猜想去倾听故事，提高他们的关注力。】

---

* （美）珍妮特·史蒂文斯/文·图.上面和下面.李坤珊/译.二十一世纪出版社,2008.

二、分段倾听故事,依据情节进行观察思考

情节1:大熊懵懂,无所谓,接受了小兔的意见,选泥土上面的果实。

- 这是一只怎样的熊?你从哪里看出来的?
- 小兔请大熊选择,大熊是怎么做的?
- 开始种植了,大熊和小兔的做法一样吗?它们各自是怎么做的?

【设计意图:引导幼儿观察图片,从细节处观察大熊与小兔不同的态度与行为(小兔子累得满头大汗,可大熊却在睡觉)。同时,了解种植植物时要播种、浇水、除草、施肥,植物的生长还需要阳光和水分,这样才能获得大丰收。从中提升幼儿观察理解图片的能力。】

- -

- 收获的季节到了,大熊是怎么想的?他能实现自己的愿望吗?从图片上,你能找到答案吗?

【设计意图:以上提问,既引导幼儿揣摩大熊的心理,又提示幼儿回忆大熊与小兔当初的选择,并从"小兔种植的是什么?为什么?植物可以吃的、有用的是哪部分?"等方面展开思考,得出结论。】

- -

情节2：大熊感觉有点吃亏，要求主动选择，选泥土下面的果实。

- 大熊选了下面，那小兔会选什么？（上面）
- 在这些蔬菜中，你觉得小兔会选择种什么呢？

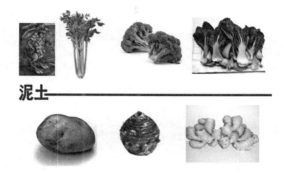

（这些蔬菜可以吃的部分长在哪里？泥土上面还是泥土下面？）

- 我们来看看小兔的选择。
- 当看到小兔种的蔬菜时，大熊对这样的结果满意吗？你从哪里看出来的？

小 结

这次大熊收获的又是不能吃的那部分。大熊很生气，但是却没有办法。

- 如果你是大熊，这时你的心情会怎样？
- 如果再进行选择，大熊会选择什么呢？

【设计意图：引导幼儿关注大熊的心情，根据自己的已有经验猜测并讲述大熊接下来会做的选择。】

情节3：大熊生气，提出上面和下面都要，但还是遭遇失败。

- 这次，大熊的选择是什么？
- 收获的季节到了，结果又会怎样呢？

三、完整欣赏故事，揭示结果，分析小兔行为的缘由

结果到底怎样，我们一起来听故事。

- 这次的结果怎样？

活动1-11

- 为什么小兔每一次都会赢？
- 它是真的想要赢吗？为什么它要想这些办法来对待大熊？

小 结

有了小兔这样的朋友，真是一件快乐的事。

活动解析

城市里的孩子对蔬菜的认识往往集中在认知方面，可对于蔬菜长在哪里、究竟是如何生长的、日常食用的究竟是什么部位等问题，存在着经验上的空白。《上面和下面》这个有趣的故事，通过大熊与小兔在种植过程中的不同选择与最终结果，生动形象地回答了上述问题。通过阅读这个故事，孩子们不仅能了解与蔬菜相关的知识，更能感受到小兔在帮助大熊转变行为的过程中所表现的聪慧与睿智，体会其中的纯真友情，并展开积极的观察、思考与表达。这些，对大班孩子的认知发展是非常有利的。活动中，教师呈现出以下亮点：

1. 依据故事脉络逐渐展开，有助于幼儿的观察理解

教师依据故事《上面和下面》中的发展情节，从第一段——大熊懵懂、无所谓，接受小兔意见，选上面；到第二段——大熊感觉有点吃亏，主动选择，选下面；直至第三段——大熊生气，上下都要，但还是遭遇失败。最后，引申出问题：大熊到底应该怎么办？层层展开，引发幼儿的观察、猜测与思考。并辅以PPT从选择到验证，孩子们能从教师比较投入的故事讲述中，感受大熊和小兔对于种植有着截然不同的态度以及相应出现的结果，并自发感受到了"不劳动就没有收获"、"必须要付出努力"、"自己的地要自己种"等核心内涵。

2. 设置悬念引发幼儿猜测，有助于幼儿倾听与思维

活动中，教师借助孩子想知道结果的急切心理，不断提出问题以激发孩子的猜测——种植前，大熊选择泥土上面的部分，兔子选择泥土下面的部分，收获时，会有怎样的结果？如果

反一下,收获时的结果会一样吗? 最后,大熊选择上面和下面都要,结果又怎样呢? 这些充满悬念的问题,既可让孩子在调动已有经验的基础上充分想象,又能让孩子带着对结果的猜测认真聆听,提高听的关注度。

3. 揭示结果并引导幼儿分析,有助于幼儿体验真情感

活动的最后环节,教师引导幼儿分析小兔的行为以及原因,"小兔为什么这么做? 它是真的想要赢吗? 最终小兔帮助大熊解决了一个什么问题?" 这些问题,均能引导幼儿明白小兔行为的意图,进而认识到小兔是大熊的"真朋友",感受到朋友之间的纯真友谊。

当然,孩子们对于蔬菜吃哪一部分的相关经验的多少将直接影响孩子对于后续问题的猜想的准确性。植物有根、茎、叶,一般情况下,常见蔬菜该吃哪一部分,对此孩子要有经验,而教师更要心中明了。

附故事:《大熊和小兔》

有一只大熊,它有一块肥沃的土地,可是它很懒,什么都不愿意种,只想呼呼睡大觉。它的好朋友,小兔子看在眼里,急在心里,决定想个好办法来帮助大熊改掉这个坏习惯。于是,一个绝妙的计划开始啦。

小兔子跑去找大熊:"嗨,我们来合作种地怎么样?"

大熊说:"合作? 我可不乐意干活呢。"

小兔子说:"行,我干活,收到的庄稼咱们平分,你想选择上面还是下面?"

大熊打了哈欠:"无所谓,上面下面都可以。"

小兔子笑了笑:"好,那收获的时候,我收获泥土下面的部分,你收获泥土上面的部分。"

大熊说好。

第一季的种植开始啦!

农作物一天天长大,大熊还是一天天睡它的大头觉。

收获的季节到啦,大熊得意地想:"哈哈,我不费一点力气,就能收获粮食啦。"

大熊看着面前的这堆萝卜叶子,有点生气,"这次我可吃亏了,你再种一次。但是下一季的收成,我要泥土下面那一半!"

小兔笑着同意了:"好! 就这么说定了。"

第二季的种植开始啦!

小兔子辛勤地播种、浇水、施肥、除草，累得满头大汗，而大熊依然每天睡大觉。

收获的季节又到了。大熊得意极了："这次我选了下面，总没错，哈哈不费一点力气，就能收获啦"

结果，大熊生气地叫起来："我选上面，你给我不能吃的叶子；我选下面，你给我的是不能吃的根。这次我上面下面都要，看你还能怎么办。"

小兔子笑笑说："那也没问题。"

第三季的种植开始啦！

农作物一天天地长大，大熊仍然一天接一天地睡着大觉。

丰收的日子到了，小兔叫醒大熊："醒醒，大熊，醒一醒！这次上面和下面的全都是你的了。"

这次，大熊家门前种的是一大片玉米。小兔带着全家，把玉米一棵棵地拔起来。他们扯下长在最上面的叶子和茎，堆成一堆交给了大熊。又小心翼翼地摘下长在中间的玉米，放在自己这堆。

大熊揉了揉眼睛，看了又看。"我说的是泥土的上面和下面都是我的，为什么你把玉米拿去了？"

"你瞧，大熊！上面和下面两半都给你，我拿中间的。没错吧，大熊先生，我们就是这么说定的！所以中间的玉米就归我。"小兔子回答道。

"你……你，哼，不跟你说了，哼，下次我自己的田我自己种。"

小兔笑着把玉米分给了大熊一半，"朋友，你终于明白我的苦心了。"小兔长长地叹了口气。

从此，大熊再也没有因为睡懒觉而错过耕种和收获的季节。慢慢地，它变成了一只勤劳的熊。

新一季的播种又开始啦！田地里出现了大熊和小兔手拉手的身影，它们一起播种，一起浇水，一起除草，一起施肥，庄稼也获得了大丰收。

晴朗的一天（大班）

鹤庆幼儿园　施春美

活动目标

1. 欣赏故事并讨论,尝试根据故事发展的线索较完整地讲述人物间的对话。
2. 懂得不能随意乱动别人的东西。

活动准备

绘本《晴朗的一天》*,PPT课件,故事图片若干。

活动过程

一、导入活动——激发幼儿对绘本内容的兴趣

1. 提问:看看封面,猜一猜这是关于谁的一个故事?
它是一只什么样的狐狸? 你能重复其他小
朋友的话并把那句话变得更长一点吗?

2. 引出故事名字:晴朗的一天。

3. 过渡:对小狐狸来说,晴朗的一天是怎么样的?
我们一起来听故事吧。

【设计意图:本次活动注重幼儿语言表述的完整性和丰富性,因此在观看封面的时候就
引导幼儿能仔细观察画面对狐狸进行描述,并且尝试在同伴表述的基础上变长语句。】

---

* (美)诺尼·霍格罗金/文·图.晴朗的一天.阿甲/译.河北教育出版社,2009.

二、欣赏理解——理解故事内容,尝试复述故事中的语句

(欣赏故事 P1-P4 页,教师讲述)

1. 提问:小狐狸舔光了所有的牛奶会有什么后果?

　　　　它这样做对吗? 为什么?

(欣赏故事 P5 页,教师讲述)

2. 提问:故事中小狐狸得到了什么惩罚? 它伤心吗? 为什么?

　　　　老奶奶把尾巴还给小狐狸的条件是什么? 小狐狸该怎么办?

3. (出示 P7)提问:小狐狸去找奶牛,会对它说什么? 奶牛会给它吗? 它需要什么?

　　(教师运用"能给我一些……吗? 有了……我就可以给……换……了"总结。)

　　(出示 P9,欣赏故事,教师讲述)

　　4. 提问: 小狐狸去找谁帮忙? 它们又对小狐狸索取了什么东西?

　　(教师运用"能给我一些……吗? 有了……我就可以给……换……了,有了……我就可以给……换……了"进行总结。)

【设计意图：考虑到原著中故事发展的思维模式虽然相同，但狐狸的语言表达却没有固定的句式，这样不太易于幼儿自主阅读和表述。因此，每次引发幼儿思考和表述后，都运用自主改编的固定句式进行总结，目的是让幼儿越来越熟悉语言表述的模式，以便幼儿在之后的活动中能模仿着进行表述。】

三、同伴合作，看看说说

（将狐狸遇到商人、母鸡和老爷爷的三张图组合在一张纸上，并进行塑封。）

三个好朋友一组，看一看图片说一说：小狐狸又去找谁帮忙？它会对它们说些什么？

【设计意图：幼儿结伴观察三张图片，可以一起说说故事中的对话，也可以分工每人讲述

一张图片。但需要根据语言表达的一定模式进行表达，挑战幼儿的语言表达能力以及逆向思维能力。】

四、思考讨论

讨论：听了小狐狸的故事，你觉得它告诉我们一个什么道理？

小 结

别人的东西不能随便乱动，要征询别人的同意才可以，否则会受到应有的惩罚。

活动解析

利用作品特点，演绎语言游戏

《晴朗的一天》是一则古老的亚美尼亚民间故事。故事的主干很简单：一只狐狸因偷喝了牛奶而被愤怒的老婆婆砍掉了尾巴。为了换回自己的尾巴，狐狸不得不进行一系列的交换，而每次交换都需要新的条件，因此这一环环的叠加便组成了一长套的话语。故事虽说没有跌宕起伏的情节，却环环相扣、耐人寻味。特别是作品中狐狸的语言，更是别具一格。因为书中最为鲜活的语言，便是狐狸每一次请求时对这一长套话语所作的描述，且随着情节的发展越往后面越长，听起来也越是滑稽可笑。另外，狐狸越是说到后面，话越多、越长，也就越考验读者的语言表述能力以及逆向思维能力，对幼儿有一定的挑战性。因此，特别适合大班孩子进行阅读、表述和朗读。

针对当下大班孩子虽然很会说，但语言组织能力较差、说话往往比较零星松散、不能突出重点等现状，教师在本次活动中围绕狐狸的对话，通过故事情景，巧妙地将孩子引入"把话越变越长"的语言游戏活动之中，以此锻炼幼儿的观察表述以及逆向思维能力。

活动中，教师注重做到以下三点：

第一，关注幼儿语言表述的完整性。从第一张的封面开始，教师就鼓励幼儿大胆讲述看到的内容，并在同伴表述的基础上不断变长句子。这不但考验幼儿的观察能力、倾听同伴的能力，更考验幼儿的语言组织能力和词汇的丰富性。幼儿显然很喜欢这样的游戏，他们通过观察、记忆，能运用自己的语言并使其不断变长，活动中富有成就感。

第二，关注幼儿语言表述的逻辑性。故事内容环环相扣，缺一不可，这就对语言的严谨性提出了较高的要求。由于活动的目标是尝试根据故事发展的线索较为完整地讲述人物间的对话，因此，对话的内容很重要。活动中，教师将原著中的对话进行了微调，尝试运用"有了……就可以换……"的固定模式，既易于幼儿模仿句式以进行完整的对话讲述，又避免出现令人尴尬的"然后……然后……"等不当表述。同时，也十分有利于帮助幼儿更好地进行逆向思维。

第三，关注同伴之间的合作性。当幼儿熟悉对话模式后，教师给予幼儿充足的时间，采用幼儿结伴、自主阅读、尝试表述的方法，进一步挑战幼儿的逻辑思维能力以及语言表述能力。三个好朋友观察三张图片，自主选择一张图片进行讲述，并在最后环节中集体分享，鼓励每个幼儿都能开口说话，人人参与。

幼儿语言表达能力的提高并不是靠一两次的语言活动就能达到的，它需要教师对语言有一定的敏感度，这里包括语言活动中教师对于目标的把握，以及在日常生活中能否创造更多的机会让幼儿表达等。为了幼儿的成长，让我们一起共勉！

侧重于
阅读理解的
活动

在绘本阅读中激发幼儿
看图讲述的兴趣

西街幼儿园　林安逸

　　幼儿园看图讲述活动是通过让幼儿观察图片、分析画面,把自己对图片内容的理解用完整连贯的语句进行表述。而阅读的绘本过程其实就是与图画进行对话的过程,也是调动自己的知识经验去理解图画故事,并从中获取信息以丰富自己体验的过程。此外,更是一个通过看图、读图、理解并讲述故事的过程。阅读注重个性化的理解,而讲述则注重规范化的表达。两者相辅相成,有利于幼儿语言思维能力的发展。如何在幼儿阅读绘本的过程中激发其看图讲述的兴趣呢? 在实践中,我们积累出以下几点经验。

一、适宜选材,激发兴趣

　　绘本中的图画丰富多彩。根据幼儿的年龄特点,精心为幼儿选择绘本尤为重要。这样能使幼儿在阅读的过程中发现问题并有话可说。

　　为小班幼儿选择的绘本,应主题明确,线索单一;角色不宜太多,画面要大,且画面中角色的动作、神态、表情要明显;背景简单,色彩鲜艳,能够突出角色特征。因此,在小班幼儿阅读绘本之前,我们可以通过观察、欣赏图画等方式让幼儿预知故事内容,激发起幼儿的阅读愿望和积极性,并在由浅入深、层层展开的过程中帮助幼儿感受和理解。使幼儿在阅读画面时能借助已有的、具体的情境来理解、学习画面内容。比如绘本《早餐吃什么?》,简单的画面,可爱的小动物形象,一页动物一页食物,让孩子对动物和食物之间的关系一目了然,从而表达出相同的句式。

　　为中班幼儿选择的绘本,应主题明确,线索较复杂,前后画面中有一定的联系,角色较小班增多,形象突出,有一定的动作和表情,便于幼儿能从图片中了解角色的心理活动。比如绘本《喜欢帽子的小猪》,故事中前后出现了五个角色,情节既有模式的重复又有递进,孩子能从主人公小猪对长颈鹿、鳄鱼、小猴和小老鼠不同的行为观察及讲述中,感受不同的心情。

　　为大班幼儿选择的绘本,应主题鲜明、生动,图与图之间有一定的衔接,画面内容能为幼儿提供想象的空间,而且角色的心理活动能从画面中反映出来,能根据图片的内容激发幼儿联想到画面以外的线索,使幼儿通过观察分析来讲述画面上各个事物之间的相互关系。比如绘本《像狼一样嚎叫》,通过对主人公小狗莫卡和它的主人米雪儿的行为、表情等线索引导幼儿想象故事情节的发展,从而把握故事的脉络,激发幼儿的表述愿望。

其中,有些绘本故事的封面、封底就是一个主要人物的出场或是一个主题画面的展现,这就是阅读的开始。比如绘本《特别的羊》,通过引导幼儿观察封面主角并猜测羊的特别之处,从而激发大班幼儿的联想,引导其体验想象的乐趣,从而促使幼儿围绕中心主题进行讨论与讲述。

二、把握特点,保持兴趣

1. 融入生活经验

幼儿对于故事的理解与其已有的生活经验相关,需要幼儿在对作品所描述的故事情节、人物命运、环境背景等进行解读时联系自己的生活经验,并将解读和辨识出的各种信息转换成幼儿自己的体验,再通过想象去重新理解。因此,在阅读过程中,要充分引导幼儿回忆并思考自己的感受,将真实的体验融入到对故事的理解中。

比如,在绘本《喜欢帽子的小猪》中,讲述了小猪与小猴闹矛盾的一个情节,在通过对画面的观察——太阳的位置变化和月亮、星星的出现,幼儿感受到小猪耐心地等了整整一天才拿回自己的帽子。在这个情节中,我们并没有纠结于让孩子表述什么是耐心,因为"耐心"是孩子能意会却不能言表,但能从实际的生活事例中体验到的。所以,引导孩子从自身的经验出发让孩子在自己的能力范围内表达自己对"耐心"的认识。此外,实践证明,在活动中孩子用自己的经验很好地诠释了耐心。有的孩子说:"我写书法的时候很有耐心。"有的孩子说:"区角活动的时候,我很想做螃蟹,但是人数满了,我就耐心地等别人做好了再去做。"

又如,在活动《麻烦的蛋》中,讲述小老鼠如何照顾蛋宝宝的故事。小老鼠担心蛋宝宝踢被子,担心蛋宝宝从床上掉下来,担心蛋宝宝尿床。这一幕幕都是孩子熟悉的场景,是他们在生活中时刻感受到的。"老鼠在干什么? 它是怎么样来照顾蛋宝宝的? 在家里谁是这样照顾你的? 怎么照顾的? 你的感觉怎么样?"……这些问题旨在调动幼儿的已有生活经验,通过让孩子回忆生活中家人对自己的关爱,来感受老鼠对蛋宝宝的关爱,也为绘本后半段出现的小老鼠的行为埋下情感的伏笔。

2. 突出关键情节

绘本的呈现方式更易于发挥幼儿的想象,因为它提供了一幅幅更生动的画面、一个个鲜活的形象。对于正处于具体形象思维时期的幼儿而言,他们的想象依赖于图像、图形。但是绘本是通过静止的图画来表达发展着的故事情节,以一个个关键情节的片断,表达完整的故事,而画面与画面之间的空白、连接就需要幼儿自己去想象、去填补。

比如《动物绝对不应该穿衣服》,作者茱蒂写了一个逗人发笑的故事,而插画师罗恩则通过写实的手法用黑色的针笔画出栩栩如生的动物形象。有的动物可以直接让幼儿感受到穿上它们衣服后的狼狈情境。有的动物则需要幼儿根据动物的特征来推测它穿上衣服后的感受。绘本中的动物与衣服构成了一对矛盾,能在大班孩子的认知与生活经验的基础上,引发他们的想象与推测。虽然画面在重复同一主题,但却越来越夸张,教师的引导也从各个层面切入,与孩子产生有效互动。教师可以针对不同的动物与孩子兴趣的焦点进行提问。比如当孩子关注到绵羊身上的水时,教师可以提问幼儿:绵羊身上的水是从哪里来的? 会是什么水? 引导孩子联系绵羊身上的衣服。当出现大帽子和小老鼠时,提问幼儿:那么小的一只老鼠,选了那么大的一顶帽子,又会有什么好玩的事情发生? 使孩子感受到作品中的幽默,激发孩子推测表述的兴趣。

又如,在一些有趣的绘本中,总有一页的画面是最关键、最主要的,不仅是故事的转折也是故事的中心。比如在《阿丹和阿布》中,恐龙阿丹通过比赛石头剪刀布赢了阿布,把脚抬得高高地准备"惩罚"阿布的这一画面,带给孩子一种视觉的冲击,大大的恐龙和小小的男孩之间的对比不禁让孩子担心起结果。而此时踩与不踩在孩子们之间形成了矛盾,友情与游戏规则如何选择成了孩子讨论的焦点。认为阿丹不会踩下去的孩子叙述着他们的理由:"阿丹太大了,会踩伤阿布的。""好不容易才有朋友玩,怎么能让朋友疼呢?"而认为阿丹会踩下去的孩子认为:"会踩的,刚才阿布不也踩了吗?""会轻轻地踩,因为是好朋友呀!""这是大家说好的游戏规则,会踩下去的,不过不会疼,阿丹只是做个样子吓吓阿布。"……在孩子们的想象与讨论中,故事情节也变得丰富,绘本所要表达的精神也逐渐突出。

3. 思考生动话语

各年龄段的幼儿在看图书时,都能根据自己对角色的表情、动作等的理解,去想象角色的对话,但在对角色的心理活动的了解上,存在着年龄特点。小班幼儿根据人物的表情、动作能进行初步联想,描述出人物的某些简单的心理活动。比如在绘本《古力和古拉》中,孩子们看到小动物们围坐在一起吃蛋糕时,会表述类似"它们很高兴,它们一起分蛋糕吃很开心。"的语句。大班的孩子则能结合自己前期对故事的理解,把画面以外的事物与绘本相联系,以此来理解绘本内容。因此,教师可以引导幼儿在观察图片时结合画面中人物的表情、动作去思考人物的心理活动,同时,也可以让孩子联想人物之间的简单对话。比如当孩子们在阅读《我的朋友好好吃》时,当看到"主人公妞妞大喊:'我绝对不准你这么做,它们都是我的,都是我好吃的朋友!'"这页时,都会被这一幕逗得哈哈大笑,随之就是他们对小动物的观察、思考与推测:小动物到底会不会出来呢? 它们又会怎么想的呢? 孩子们自然而然地将自己转化成故事中的小动物,揣测起小动物的对白。有的孩子说:"他们不会出来的,因为刚才妞妞说它们是好吃的朋友。"有的孩子说:"它们会出来的,因为妞妞刚才打跑了大灰狼,救了大家。"

三、完整欣赏,提高兴趣

绘本是一本内容全面、情节丰富的书。正因为如此,在阅读的时候,需要一定的顺序,而且要完整欣赏,才能够进一步体验细致的情感。所以,在阅读分享的过程中,孩子们在老师的指导下，整体地感受作品内容，逐渐体会到逐页翻阅的喜悦，并领悟到边看边想、边想边说的意境。在潜移默化中，培养幼儿良好的阅读习惯，使得故事中所体现的情感在幼儿的表述中得以升华。小班幼儿在逐页理解绘本《我的家》的画面意境的基础上，和老师一起完整欣赏。重复的句型与生活化的内容，让孩子在读起来琅琅上口的同时感受家的温馨。而中班的孩子在完整阅读《喜欢帽子的小猪》这一绘本时，将自己化身成故事中的角色，通过情节变化来感受不同的心情，体验帮助别人的快乐。对绘本《阿丹和阿布》的完整欣赏，让即将离园的大班幼儿既珍惜眼前的友情，又思考着如何在新的环境中结交新的朋友。

总之，在绘本活动中激发幼儿看图讲述的兴趣，既能提高幼儿的语言能力，又有利于培养幼儿的阅读能力。教师通过循序渐进式的指导，让幼儿在阅读中能够自主思考、能够与图书对话。同时，师幼之间、幼幼之间的互动也激发了幼儿细心观察、认真思考、敢于表达的愿望。

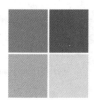

幼儿看图讲述活动
有效实施策略的实践研究

鹤庆幼儿园　施春美

看图讲述,顾名思义,是以图片为媒介的讲述活动。而色彩亮丽的图片,本身就能给予幼儿视觉上的刺激,激发幼儿的讲述欲望。在看图讲述活动中,教师与幼儿之间的师幼对话、幼幼讨论,能提高幼儿的口语表达能力、逻辑思维能力、理解分析水平以及幼儿的想象力。教师通过引导和鼓励幼儿积极应答、探究和质疑,能有效促进幼儿语言运用能力的提高。

但在实际的看图讲述活动中,很多教师会自然而然地把回答的机会提供给一些善于表达的幼儿;而有些教师会急于求成,在没有倾听的前提下急着把答案告诉孩子,导致幼儿思考的时间不够,语言表达能力也未得到发展;还有的老师会以自己的判断价值去评价幼儿的回答,导致部分幼儿不敢说,从而导致班级两极分化的严重后果。因此,如何有效开展看图讲述活动,是教师在平时活动中需要思考的问题。以下是在实践中开展看图讲述活动的一些经验总结:

一、教会孩子看图讲述的基本方法

1. 语言组织的基本模式。根据时间、地点、任务(做什么)的模式进行语言表达。比如:图中是什么时候? 有谁? 他在干什么?

2. 努力把所说的句子变长,例如增加词汇量。

3. 善于观察画面细节,尝试对心理活动和人物对话进行表达。比如:人物的表情怎么样? 他可能在想什么? 他们之间可能会说些什么?

举例说来,在《猴子学样》这一看图讲述活动中,我们就可以运用刚才所说的三点。第一阶段(时间、地点、人物等):一天,一位老爷爷挑着一担帽子,一群猴子们看见了。第二阶段(把句子变长):一个炎热的夏天,一位老爷爷挑着一担帽子来到一片树林里,被树上的一群猴子们看见了。第三阶段(加上对话或者心理活动):一个炎热的夏天,一位老爷爷挑着一担帽子来到一片树林,被树上的一群猴子们看见了。猴子们心想:"老爷爷挑的到底是什么呀? 看起来真好玩!"

这样一来,通过语言表达将画面描述得越来越生动。我们要提供给孩子的就是这种如何讲述的方法。久而久之,孩子们的看图讲述能力就会有一定的提高。

二、引导幼儿观察画面、促进其语言表达的提问策略

1. 问题的设计需具有层次性,确保机会平等,并给予幼儿充足的回答时间

面对不同语言发展水平的幼儿,教师的提问需要有一定的针对性。比如在《像狼一样嚎叫》的活动中,对于封面的观察表述,针对能力相对弱的幼儿可以提问:从封面上你看到了什么?这是关于谁的故事?让幼儿从第一感官出发讲述自己看到的内容。进而再次提问:你觉得它是怎么叫的?这个声音听起来像是哪个动物在叫?层层递进帮助幼儿挖掘图片中隐藏的秘密。

2. 问题的设计需具有启发性和开放性,适时肯定幼儿,引发多角度的回答

具有启发性、开放性的问题,往往没有固定答案。它需要幼儿摆脱画面的束缚,依据自己的生活经验,合理想象,多角度地回答问题。

在《猴子学样》这一看图讲述活动中,对于绘本第三幅图(见下图)我们可以这样提问:为什么老爷爷做什么猴子也会做什么?有什么好方法能让猴子把帽子还给老爷爷?类似具有开放性、启发性的问题能够发散幼儿的思维,引导其进行创造性的思考和讲述。

3. 适当设计一些换位思考的问题

在《猴子学样》这一看图讲述活动中,对于绘本第三幅图也可这样提问:老爷爷醒来发现了什么?他怎么对付猴子的?他有可能在说些什么?幼儿可以把自己想象成老爷爷,进行换位思考,表述老爷爷的内心世界。

4. 重视提问后的总结和提升,帮助幼儿完整讲述

教师在注重引导幼儿完整表述后,需要以规范的语言加以总结,千万不要太随意。

我们可以运用原文,亦可以稍稍改编一下原文,使幼儿能够欣赏到作者的绝妙文笔,提升艺术修养。

三、提高幼儿观察画面能力的策略研究

1. 选择合适的图片,激发幼儿兴趣

因为时间的限制,语言活动中并不是每一幅图片都需要详细讲述。因此,教师要选择合适的图片予以重点观察和讨论。图片须是关键性的、画面须是清晰可见的、故事是有许多内涵可挖掘、思考和讲述的,这样才能激发起幼儿共同参与讨论和讲述的兴趣。

2. 正确地引导幼儿看图

在《猴子学样》这一看图讲述活动中，针对上图可以这样提问：猴子手中的帽子是从哪里来的？老爷爷怎么没有发现？猴子怎么会戴上老爷爷的帽子？上述提问可以引导幼儿尝试讲述时将前后几幅图中的内容联系起来。此外，教师应鼓励幼儿将语句组织得更长。

3. 不同的呈现方式

在看图讲述活动中，图片的呈现方式也是有所讲究的。在单独讲述图片时，建议单幅出示；要上下文联系，如果图片中的内容平行时，可以多幅图片同时出示；自主阅读时，可将整本书提供给幼儿进行观察理解和讲述；内容平行的图片还可以从绘本中抽取出来进行单独打印以放大画面，让幼儿结伴观察、讲述。教无定法，教师可以根据教学的实际需求选择不同的图片呈现方式。

4. 在活动中帮助幼儿理解事物间的辩证关系

由于幼儿年龄小、经验不足等原因，使得很多幼儿对于实物之间的理解不够透彻，导致幼儿在回答问题时不是词不达意，就是根本无法理解故事大意。因此，在活动中，教师应帮助这些幼儿理解事物间的辩证关系，例如插头与电视机的关系，花草与阳光、土壤、水的关系。让幼儿知道事物之间都是相辅相成的，它们都是好朋友的关系。再如绘本《像狼一样嚎叫》，教师应帮助幼儿理清并区别出狼和狗的不同生理特点以及生活方式，帮助幼儿理解自身所生活的社会以及事物之间的辩证关系，为其增加各种生活经验，提高其语言表达能力。

四、提升幼儿经验、激发幼儿阅读兴趣的策略研究

1. 提升社交经验

通过观察发现，那些能力较弱的幼儿，大多是缺乏社会、生活经验的幼儿。因为他们不了解，所以难以进行联想。而在社交活动中，孩子们能够寻找自己的同伴，通过互相学习促进语言的发展。因此，让幼儿走出户外，获得社交经验也是当前教育实践中提高幼儿语言水平的关键。

2. 完整讲述，丰富词汇

（1）让幼儿选择自己喜欢的书

很多家长在陪同幼儿选书时，总喜欢以成人的视角帮助幼儿选购一些自己认为"有用"的书，殊不知很多时候幼儿不但不喜欢，而且还会扼杀孩子们对于书籍的求知欲。因此，家长在为幼儿选书时，先让幼儿知道哪些书是适合他的，再让他挑选自己喜欢的书，使得幼儿在自主挑选书籍的过程中，获得愉快的体验，从而激发其对书籍的求知欲。

（2）亲子阅读，学习词汇，扩展句子

很多家长由于没时间陪同幼儿一起看书，大多时候让幼儿自己阅读，这导致家长没有为幼儿正确梳理故事内容，使得幼儿并不知道故事的真正含义是什么。因此，家长陪同幼儿一

起看书,不仅能增加幼儿的阅读兴趣,还能促进幼儿对故事含义的理解。家长可以先让幼儿自己看,请幼儿说出自己理解的内容,并鼓励用自己的话复述故事。若差异较大,家长可以通过引导幼儿观察画面来进行分析,在知晓故事的人物、环境的前提下,鼓励幼儿推测故事中的情节,提高幼儿的思维创作能力。在阅读中,遇到好的成语,可以让幼儿学习。简单的故事情节,可以通过填补法让幼儿慢慢地将句子讲述完整,逐步训练幼儿语句的完整性与流畅性,帮助幼儿提高语言表达能力。

（3）多元教法与游戏教学

针对幼儿的年龄特点,教师可以在快乐的情境中进行阅读活动。通过图片、多媒体等多元式的教学方法,让幼儿在宽松、愉悦的氛围中展开思维和想象,促使幼儿积极阅读,提高幼儿学习语言的兴趣。例如,在区角活动与表演游戏中,开展故事表演、续编故事表演等活动;和幼儿一起欣赏木偶剧,观赏有趣的动画片等。在宽松、愉快、和谐的阅读环境中,培养幼儿将图画内容转换为语言表达的能力,发展幼儿的创新能力。

3. 为幼儿自我表达表现创造机会,提倡家园合作

（1）我是新闻播报员

新闻播报任务由每天的值日生承担。许多小朋友在刚开始播报新闻时,没有做好充分的准备,总是按照自己对于某一新闻的理解,运用自己的语言进行零星的讲述。这样的做法不仅难以促进幼儿语言的发展,而且总是重复同一新闻内容（如交通事故）,会导致其他幼儿失去倾听的耐心。因此,可在每天的新闻播报环节增加"新闻之星"的评选,鼓励幼儿及时收集新闻、讲述新闻,并运用流畅的语言进行表达。

（2）开展语言竞赛活动

语言竞赛可以由易到难、循序渐进。一开始可以组织进行"自我介绍"、"我的名字"、"爸爸妈妈的工作"等活动,让幼儿和爸爸妈妈一起做好介绍的准备,逐步建立起幼儿在集体面前表达、表现的自信。此后,可以慢慢增加一些评比活动,以进一步引发幼儿以及家长的关注。比如儿歌朗诵会、小小故事会等,让每位幼儿都积极参与,用自己的实际行动和努力去争取荣誉,提高幼儿语言表达能力。

通过一系列的方法,幼儿不仅会爱上绘本阅读,还能逐渐学会用连贯、完整、丰富的语言去讲述身边所发生的人、物、事,能尝试根据画面提供的信息大致说出故事的情节,并能够主动、大胆地与身边的同伴、老师说一说、演一演和秀一秀。

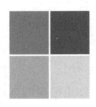

麻烦的蛋（中班）

西街幼儿园　林安逸

活动目标

1. 在观察画面、理解故事的基础上推测故事情节，大胆地表达自己的观点。
2. 在帮助蛋宝宝找家的过程中，感受家庭中的关爱。

活动准备

绘本《麻烦的蛋》*，PPT课件。

活动过程

一、导入环节：理解故事的名字

1. 看了这个故事的名字，你觉得这个故事大概讲了件什么事？

【设计意图：关注故事的名字，点题。】

2. 麻烦是什么意思？

【设计意图：有的孩子说，"就是做起来有点难的事"。但还是有不少孩子虽然知道这个词的意思，但却很难用语言进行归纳。于是教师继续追问：生活中你遇到过什么麻烦的事？让幼儿用自己生活中的实例来解释"麻烦"的含义。】

---

* 巩孺萍/文，雨青工作室/图，王友国/编.麻烦的蛋.中国水利水电出版社，2012.

二、观察图片,说一说故事情节

1. 发现蛋。

关键提问:老鼠和青蛙在河边发现了一个蛋,看到这个蛋它们会怎么想?

【设计意图:调动孩子运用自己已有的故事经验进行推测讲述,激发兴趣。】

2. 照顾蛋。

关键提问:

(1) 老鼠为什么说蛋不能留在这里?如果蛋留在这里可能会发生什么事?

(2) 看看老鼠在干什么?

（3）家里谁是这样照顾你的?

【设计意图: 结合孩子的生活经验, 达到情感上的共鸣, 凸显老鼠对于蛋的关爱之情, 为下面的故事情节做情感选择上的铺垫。】

老鼠就像小朋友的妈妈爱护你们那样照顾着蛋宝宝, 说明老鼠非常爱蛋宝宝。

3. 为蛋找家。
关键提问: 哪些地方会和蛋有关呢? 为什么?

【设计意图: 不少孩子觉得和蛋有关的地方是鸡窝、鸟窝等生蛋的动物的家, 他们觉得应该把蛋送到鸡妈妈、鸟妈妈等动物身边, 从中可以感受到大部分孩子对家庭、对妈妈的依恋。】

（1）选择与蛋有关的家。
呈现画面: 蛋糕店与煮蛋店。

关键提问: ① 看看老鼠和青蛙找的和蛋有关的地方是哪里?
② 你觉得哪个地方合适? 说说理由?

【设计意图: 在这个环节中, 孩子已经开始出现三种意见。有孩子选择蛋糕店, 有孩子选择煮蛋店, 理由是那里都有蛋; 但是也有孩子觉得哪个都不会, 因为两个地方都会把蛋弄坏, 这样就孵不出小鸡或其他动物了。这是, 孩子的已有认知与图片观察的一个碰撞, 能引发孩

子较为深层的思考。】

③ 你觉得老鼠和青蛙会把蛋留下吗？为什么？

【设计意图：从画面人物中的表情和动作中，孩子得到了"蛋被做为食物，就会失去生命"的认知。】

（2）寻找蛋不会被吃掉的家。

关键提问：① "难道蛋只能吃吗？"你们能回答青蛙和老鼠的这个问题吗？

② 蛋不被吃掉的地方会是什么地方呢？

【设计意图：孩子回答的指向更趋向于回蛋宝宝妈妈的身边。】

呈现画面：蛋雕店

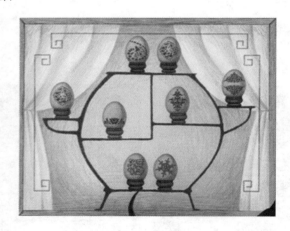

关键提问：① 这是什么地方？是干什么的？

② 青蛙和老鼠会把蛋宝宝留在这里吗？

【设计意图：对于蛋雕艺术，孩子的生活经验比较少。因此在课件的制作上，有意将蛋雕艺术品放大，幼儿通过观察画面来理解蛋雕艺术。但是孩子对于蛋雕艺术的制作方式并不了解，因此当孩子们看到蛋进入蛋雕店，一个个都完整地竖立时，大部分孩子觉得蛋不被吃掉了，可以留在这里。因此，根据孩子的不同反应，教师继续追问："那小老鼠和小青蛙，它们在看什么？"引导孩子观察画面的细节：蛋顶上的小洞、老爷爷手中的刀。然后教师再以老爷爷的口吻介绍蛋雕制作的过程，让孩子感受到蛋被做成艺术品也是生

命的失去。】

（3）寻找合适蛋宝宝的地方。

呈现画面：禽蛋孵化厂的卡车

关键提问：① 这是一辆怎么样的卡车？

② 孵化厂是干什么的？

③ 听了工人叔叔的回答，你们觉得青蛙和老鼠会把蛋宝宝交给他吗？

4. 猜想蛋的孵出。

关键提问：那这个蛋宝宝可能会被孵化出什么动物呢？

5. 孵化结果

关键提问：① 蛋宝宝被孵出了什么动物？

② 看到这个新闻，青蛙和老鼠的心情会怎样？

【设计意图：关键的提问，凸显出故事结果，使幼儿在情绪情感上得以升华。】

三、活动延伸

关键提问：故事讲完了，你觉得这个蛋麻烦吗？

【设计意图：激发孩子的再次思考，在前面达成共识的基础上，又融入了自己新的想法与理由。有的孩子觉得蛋很麻烦，因为小老鼠和青蛙在为蛋找家的过程中遇到了许多事。有的孩子觉得不麻烦，因为蛋最终有了好的结果。】

活动 2-1

活动解析

　　绘本《麻烦的蛋》是国内作家的作品,由国内较优秀的绘本插画工作室精心绘编而成。绘本以轻松幽默的文字、充满想象的画画、妙趣横生的故事情节,将友谊、关爱等富含哲理的话题娓娓道来。既没教条又无大道理,通过两个主人公在生命与美食之间的一次次选择,引发孩子的深入思考。

　　对于幼儿而言,整个故事蕴含着两个认知点:蛋是美食,蛋也是生命。通过对整个故事发展脉络的整理,以"发现蛋——照顾蛋——为蛋找家——蛋的孵化"的这样一个过程,让孩子观察绘本中生动清晰的画面,并在教师的关键提问下进行思维的碰撞与讲述,从而凸显作品的内涵,让孩子完完全全地感受到生命与关爱。

　　教师在故事发展的过程中运用了一些选择性的问题,让幼儿从不同的角度进行思考,并说明理由,从而形成思维的碰撞。虽然是"是"与"否"的选择,但是给予了孩子足够的空间进行合理推测。对于孩子的语言思维是一个很好的锻炼。同时,针对画面细节的提问,也有助于孩子观察习惯的培养。

　　通过几次教学实践,加之对中班孩子语言及思维发展程度的思考,建议本活动在中班下学期末的时候进行。

大熊山的故事（小班）

东余杭路幼儿园　胡文文

活 动 目 标

1. 愿意在猜一猜、说一说的氛围中了解故事内容。
2. 感受作品有趣、幽默的情节。

活 动 准 备

绘本《大熊山的故事》*，PPT课件，投影仪，熊与小老鼠的头饰等。

活 动 过 程

一、看画面，猜猜讲讲

1. 教师出示图画书第1页。

画面上有谁？它在干什么？

它看见远处有什么东西呀？（鼓励幼儿猜
一猜）

【设计意图：第一张画面非常简单：一只非
常小的老鼠以及远处一块小小的阴影。由于阴影
毫无轮廓和形态可言，因此幼儿的想象也就少了
约束，他们开始随意猜测：石头、老鼠洞、小山、苹果、一个桶、一块泥土、皮球（遮掉的）、太阳
（下山了）。孩子们越说越开心，气氛也很轻松。】

---

* 朱家雄/主编.学前教育教师参考用书：学习活动（3—4岁）.上海教育出版社,2004.

2. 教师出示图画书第2页。

现在小老鼠走近了一点，现在它觉得这是什么？（继续猜测）

【设计意图：第二张图上的阴影轮廓清晰了很多，呈现出大大的弧形。于是孩子们排除了一部分答案，但是坚持的仍有：大石头、山、半个大球、土堆。有个孩子说可能是熊在睡觉。这时，教师反问一句：为什么不是老鼠洞或者是太阳呢？幼儿的回答是：老鼠洞是很小的，这上面很大，猫会钻进去的；太阳是很亮的，这个是黑黑的，没有光的。教师之所以在这里进行反问是因为幼儿往往习惯于教师的正面提问，而不会"转个弯想一想"。教师运用逆向思维的方法，可以帮助幼儿打破常规思考的模式，通过分析、梳理，将自己原有的认知经验进行有效地筛选，选择相对比较合理的答案。】

3. 教师出示图画书第3页。

小老鼠越走越近，它看到了什么？

画面终于显山露水的时候，孩子们竟齐声发出"噢——"的呼声，而猜"是熊在睡觉"的孩子则脸上露出了得意的笑容，教师也适时地赞扬了一番，给予幼儿肯定。

小老鼠看见大熊在睡觉，猜猜它会怎么做？

【设计意图：孩子们刚刚从猜测回到现实，教师的提问又把孩子们带到遐想的意境中，孩子们又一次倾情述说："会爬到它身上去"、"会吵醒它"、"大熊会发火的"、"小老鼠也会睡觉的"、"小老鼠会唱歌给它听"、"小老鼠可能会走掉"……这一环节，教师始终以猜一猜、说一说为主旋律，让幼儿根据自己观察到的画面不断进行想象、猜测，甚至是初浅的推理。由于在猜的过程中教师没有给幼儿任何的条件约束，因此幼儿没有心理负担和压力，能够畅所欲言，活动氛围非常宽松。】

二、完整地讲述一遍故事

说说小老鼠说过的话。

故事的结果是怎样的呢？

【设计意图：这个故事的内容非常简单，并提供给幼儿想象的余地。因此，活动开始时，教师并不急于告知幼儿故事的结局，尽可能地让幼儿看看、想想、猜猜、说说，使幼儿一直保持兴趣。但在这一环节，教师将故事完整地讲述一遍，意在让幼儿对作品有一个完整的认识，还原作品的完整性。同时，学说小老鼠说过的话，对小老鼠这一角色进行体验，为后面的角色表演进行了铺垫。】

三、讨论

小老鼠为什么会把大熊当成小山坡？

一只大熊像座山，许多熊会像什么？

【设计意图：在这里将小老鼠的"小"和大熊的"大"进行比较，激发幼儿爬熊山的兴趣。】

四、表演故事

讨论：故事表演需要些什么？（怎样打扮更像？）小老鼠和大熊的动作一样吗？是怎样的？

请个别幼儿戴上头饰扮演小老鼠，其他幼儿合作扮大熊山，边讲故事边表演。

【设计意图：儿童文学作品中鲜活而有趣的角色是幼儿爱模仿的对象，虽语言简单、动作零碎，但幼儿却乐此不疲。而且经过前面活动的铺垫，孩子们对故事已经非常熟悉了。因此，当教师请幼儿扮演小老鼠和大熊的角色时，孩子们的积极性十分高，纷纷要求表演。有的孩子扮演大熊，躺在那里一动不动，既认真又投入。在这里，教师除了引导幼儿正确表演外，还应引导孩子在表演中进一步体验活动过程中的快乐情感。】

活动解析

一、作品赏析

这是一个小小的故事。篇幅短小、内容简单，但却有着生动的语言和情节。

一只小老鼠看见远处有座小山坡，于是突发奇想：我要去爬小山坡。可是，当小老鼠越

走越近，小山坡却变成了大山坡。接着，小老鼠发现，原来"山坡"是一只正在睡觉的大熊。那么，故事的结果会怎样？小老鼠还会去"爬山"吗？这些，一定会引发孩子的遐想。而故事的结局——小老鼠爬到大熊身上，和大熊一起睡起了觉，这使孩子倍感新奇和有趣。

故事虽然很简单，但如果我们仔细去分析，会发现其中也蕴含着诸多对孩子发展有价值的内涵。比如：老鼠的小与熊的大对比；事物的远近在视觉上的差别；小老鼠与大熊一起睡觉的亲密关系等，这些都可以在孩子欣赏、表演故事的过程中自然地去感觉、去领会。

二、活动点评

在文学活动如火如荼开展的当下，教师在选择绘本的过程中，往往会纠结于寻找有丰富内涵的、多元整合的、可以促进幼儿各个维度发展的绘本，而"大熊山的故事"则让我们从另一个视角去解读一些相对比较简单的、没有丰富情节的故事内容。

这好比白纸可以描绘蓝图，毛料的玉石更能雕琢成器，"大熊山的故事"亦是如此：简单到不能再简单的画面，没有色彩、没有形状，只是一小块灰色，却让幼儿感受到无拘无束、恣意想象的快乐。在孩子们的眼中，它是石头、老鼠洞、小山、苹果、一个桶、一块泥土、皮球……而随着画面的推进、角色的进入，教师发散性的提问，孩子们并没有受到约束，仍旧徜徉在遐想的海洋中。"它在干什么？它看见远处有什么东西呀？走近了一些后，它觉得这是什么？小老鼠看见大熊在睡觉，猜猜它会怎么做？"这些看似随意的提问也隐含着层层的推进，因此，整个活动中孩子们一直在猜猜、说说、再猜猜、再说说，丝毫没有厌倦，反而越说越开心，活动氛围轻松而愉悦。

活动最后的角色表演又掀起一轮高潮，孩子们在同伴组成的"大熊山"上爬上爬下，疯疯笑笑，不仅满足了小班孩子好动的天性，更将"大熊山的故事"中的趣点发挥得淋漓尽致。

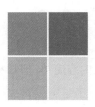

谁藏起来了（中班）

东余杭路幼儿园　顾海芳

活动目标

1. 通过游戏"谁藏起来了"，感受动物身体与灯光颜色相同所带来的变化，感受游戏的乐趣。

2. 能用简单的语言描述各种动物的不同特征。

活动准备

绘本《谁藏起来了》*，PPT课件，幼儿操作材料人手一套。

活动过程

一、记忆游戏——认识动物

1. 导入情境

今天我们班来了许多的动物朋友，想不想看看它们是谁？不过，你只有十秒钟的时间观察，然后我会把图片翻过去，看看你还能记住它们吗？

重点关注：记忆12只动物，吸引幼儿的注意力，为后面环节作铺垫。

2. 幼儿回忆，教师逐一用PPT展示出相应的小动物。

---

* （日）大西悟/文·图.谁藏起来了.蒲蒲兰/译.二十一世纪出版社,2005.

活动 2-3

【设计意图: 此环节通过PPT随机点出幼儿说到的小动物,牢牢地吸引了孩子们的注意力。孩子们努力回忆自己所看到的小动物,并能用简单的语言描述它们的特征。遇到有漏掉的,教师可通过讲述这个动物的主要特征来让幼儿猜测。】

3. 串联至下一个游戏

今天这12位动物朋友聚在一起开一个特别的舞会——灯光舞会。听到"灯光舞会"这个名字,你觉得会和什么有关呢?

二、灯光游戏——谁藏起来了

1. 导入情境

灯光师在后台说话了:"舞会马上就要开始了,小动物们,你们准备好了吗?""OK! MUSIC!"每个小动物都尽情地舞动,灯光师也在一旁忙着变化灯光,"变变变,变灯啦!"灯光变成了——(黄色)

追问: 现场发生了什么情况? 谁藏起来了? 你怎么知道是驯鹿?

关键提问: 为什么驯鹿的身体不见了?

【设计意图: 目的是让孩子们找到灯光颜色与动物身体相同时所发生的变化。】

过渡: 小动物们说:哇! 这个灯光舞会太好玩啦,就像捉迷藏一样。灯光师,请你再变个颜色吧! "变变变,变灯啦",灯光又变了,变成了? 这次有几个小动物藏起来了? 它们是谁?

关键提问: 你从哪里看出来的?

【设计意图：强调动物特征，帮助幼儿记忆。】

- -

关键提问：为什么这次藏起来的动物和刚才的不一样了？

【设计意图：这里是为了帮助幼儿梳理出小动物的隐藏与背后的灯光颜色有关。】

- -

当小动物身体的颜色和灯光的颜色相同时，小动物的身体部分就会藏起来，让大家找不到。

- -

2. 继续进行第二轮，加深幼儿对动物外形特征的认知

还想玩吗？接下来灯光师会变哪个颜色的灯呢？为什么你们都没有说到黄色和红色呢？

【设计意图：强调把机会留给没有变化过的小动物。】

- -

灯光师变换颜色。

这次有几个动物不见了？

关键提问：它在哪儿呀，你能不能清楚地告诉大家？

【设计意图：通过描述小动物所在的位置——第几排的第几个，为后面的猜测奠定基础。】

- -

追问：这次隐藏的动物比刚才多了还是少了？多了几个？你能不能全部讲清楚？

还有什么颜色的灯没有亮过呢？猜猜这次会有几个小动物隐藏起来？它们是谁？说说你的理由。

【设计意图：这几个问题，是让幼儿在之前理解的基础上，进行合理推理。】

- -

三、记忆游戏——看眼睛，找动物

1. 灯光师还会再变吗？猜猜这次他会变出什么颜色呢？

2. 看看你们还能找到它们吗？

3. 幼儿操作，找动物（可以单个操作，也可找人合作）。

【设计意图：此环节，通过关灯找动物，对于孩子们的记忆力是一个极大的挑战。孩子们看到在黑暗中的动物的眼睛，先是一愣，但是马上就能结合刚才的记忆经验，怀着浓厚的兴趣去猜测那是谁的眼睛了，并且在操作环节里，几乎所有的孩子们都能准确找到12个小动物所处的位置，并能用语言清晰地表述。】

四、介绍绘本

今天小动物们玩的这个好玩的游戏，就在这本书里，书名就叫《谁藏起来了》。书里的动物一共有18个，比我们今天来的动物还要多，你们谁敢去挑战？

活动解析

《谁藏起来了》是一本画面、文字都非常简洁的绘本。书里有孩子们喜欢的18位动物朋友，它们既保留了各自的主要特征，又憨态可掬。它们瞪大眼睛看着小读者们，这种直接的画面，激发孩子们强烈的参与欲望。作者对本书的很多环节都进行了精心设计，动物们轮流躲藏着、变换着各种不同姿态，让每一次的翻页都能带来不同的惊喜，让阅读变成了一场好玩的观察与记忆游戏。通过快乐的游戏，孩子们不仅认识了可爱的动物们，并且在一次次的猜谜中不知不觉地发展了他们的观察力、记忆能力，对各种动物之间的不同特征也有了更多、更深入的理解。

由于此绘本缺乏情节性，因此，在活动设计时加入了"灯光舞会"的这一情节，使活动变得更有趣，更趋合理性，幼儿的注意也会被更好地吸引。另外，根据中班孩子的年龄特征，我们选择了12个动物，使其更适合活动的开展。

我们有如下感受：

1. 整个活动牢牢地抓住了幼儿的注意力，每个环节环环相扣又层层递进，且有一定的挑战性。

2. 活动中穿插了三个游戏，让孩子们在游戏中感受活动的快乐，并促进思维的灵活性。通过多次游戏，既加深了幼儿对动物外形特征的理解，尤其是对一些细节特征的认知，还发展了幼儿通过局部来判断整体的能力，促进了孩子们观察力与记忆力的提升。

3. 活动的课件制作得非常精美、有创意，老师通过一些动画、音乐和随机翻阅的效果，让静态的绘本动起来，让幼儿与作品产生有效互动，也使现场活动更为出彩。

猴子学样（中班）

鹤庆幼儿园　施春美

活 动 目 标

1. 仔细观察图片，能够根据画面信息把握故事大意。
2. 运用幽默的语气和象声词表现有趣的故事情节。

活 动 准 备

绘本《猴子学样》*，PPT课件，老爷爷，猴子头饰若干。

活 动 过 程

一、说说猴子

1. 谜语：一身毛，四只手，坐着像人，走着像狗。（猴子）
2. 谈论：猴子有什么特点与本领？

【设计意图：引发幼儿对于故事的兴趣，在同伴互动中回顾猴子的生活习性和特点。】

二、呈现画面，引导幼儿观察并表述图意

【设计意图：能够根据图片把握故事大意，并大胆地表达、表现。】

---

* 朱家雄/主编.学前教育教师参考用书：学习活动（4—5岁）（试用本）.上海教育出版社，2009.

1. 呈现图一,提问:

画面里说的是什么时候? 在哪里? 有谁? 它们在干什么?

【设计意图: 鼓励幼儿在讲述图片时能将时间、地点、人物和事件进行较为完整地描述。】

2. 呈现图二,提问:

猴子手中的帽子是从哪里来的? 老爷爷怎么没有发现? 猴子怎么会戴上老爷爷的帽子的?

【设计意图: 尝试将两张画面的内容联系起来进行讲述,鼓励幼儿尝试将语句组织得更长。】

3. 呈现图三,提问:

(1) 老爷爷醒来发现了什么? 他怎么对付猴子的? 他有可能在说些什么? 猴子有没有把帽子还给他?

【设计意图: 鼓励幼儿除了运用语言外,能配合一定的肢体语言,用幽默的语气和动作进行形象地模仿。】

(2) 为什么老爷爷做什么猴子也会做什么? 谁会用一句简单的话说清原因?

(3) 有什么好办法能让猴子把帽子还给老爷爷?

自由结伴为老爷爷想个可以取回帽子的好办法。

交流各自的办法,谈论:哪一个办法最快、最好?

【设计意图:鼓励幼儿根据猴子喜欢学样的特点,思考取回帽子的办法。】

4. 呈现图四,提问:

老爷爷想出一个什么办法? 这个办法好不好?

三、尝试完整讲述

1. 尝试较连贯地讲述故事。一位幼儿讲述故事时,其他幼儿注意倾听。

2. 讨论:什么地方讲得最有趣?

【设计意图:鼓励幼儿能独自运用幽默的语气和动作表现有趣的故事情节,在倾听同伴的讲述中尝试更形象地讲述。】

四、看样学样

1. 一位幼儿扮演老爷爷,其他幼儿均扮演猴子,随着老爷爷做动作。

2. 老爷爷改变动作时,猴子必须跟着改变动作。

【设计意图:利用游戏,生生互动,模仿表现。】

活 动 解 析

突出重点,引导观察

通过观察发现,在大多数的看图讲述活动中,大多数幼儿能把握故事的主旨,但是对于画面细节的描述却难以做到具体、生动形象,通常会满足于用一两句大致说一说画面的意思。因此,引导幼儿掌握良好的看图讲述的方法,学习通过观察画面来展开讲述,是教师在语言教育活动中的重要任务。

《猴子学样》选自中班学习教材,故事经典、诙谐有趣,画面内容精辟、细节描述到位,非常适合幼儿看图讲述和表演。

　　为了引导幼儿更好地学习观察与表述，教师在活动设计时进行了很多的思考。对每一幅画都进行了细致的分析，从不同侧面提出了不同的要求。例如：第一幅画以时间、地点、人物和发生的事情为线索激发幼儿展开观察，旨在让幼儿学习看图讲述的基本思路与最基本的表述方法。第二幅画侧重引导幼儿尝试将话说得

更长。要做到这一点，教师首先要培养幼儿倾听同伴说话的习惯，再在同伴讲述的基础上增添自己观察到的细节，不断提高观察能力和表达能力。第三、第四幅画主要在于让幼儿理解故事的内涵。因此，教师设计了多个引导性的问题，让幼儿观察分析猴子做出这些行为的原因，揣摩老爷爷的想法与做法，体会老爷爷的聪明。在此基础上再引导幼儿尝试完整讲述故事。因为有了上述一系列环节的铺垫，活动中幼儿能够有序观察画面、捕捉画面信息、揣摩并想象画面背后的情节、完整表述，看图讲述的能力有了很大的提升。作者相信，长期坚持这样的教学方法可以大幅度地提高幼儿的看图讲述能力。

喜欢帽子的小猪（大班）

虹口体育幼儿园　沈燕春

活动目标

1. 尝试看书时前后联系起来，初步了解图书的内容。
2. 关注相应的画面，跟随同伴讲述，感受并理解小猪在不同事件中的不同心情与表现。

活动准备

1. 绘本《喜欢帽子的小猪》*，人手一本。
2. 字卡：决心、勇敢、耐心、善良。
3. PPT课件。

活动过程

一、呈现一些图书

提问：用什么办法能够看懂书？

小结

要看懂一本书，我们可以看图也可以看字，但有时候看图能发现书里的更多秘密。

【设计意图：激发幼儿对"看懂书"的向往，帮助幼儿了解阅读时可以从哪里获取信息，并加大对画面的关注。】

---

* 马丁·欧彭/文，阿克斯·谢夫拉/图，喜欢帽子的小猪.蒲蒲兰/译.二十一世纪出版社，2009.

二、猜封面——激发阅读的兴趣

提问：封面上有什么？这本书可能说的是什么？

 小 结

通常封面会告诉我们关于这本书的很多信息。比如：故事的名字、作者、大概内容。这本书的封面告诉我们，书中说的是小猪和它的帽子的故事。

【设计意图：引导幼儿关注封面，了解故事名称，进而激发对绘本的阅读兴趣。】

三、自主阅读——理解故事内容

1. 第一次阅读：初步观察画面，激发阅读兴趣

活动 2-5

- 找一找这本书中你最喜欢的是哪一页？又有哪几页上画的东西你有点看不懂？
- 幼儿自主阅读并大胆表述。介绍的时候，请告诉大家：请大家翻到第几页。

【设计意图：引发幼儿有指向性地观察画面，初步捕捉画面信息，产生表述自己想法与问题的愿望，并表达出来。】

2. 第二次阅读：理解情节
- 想一想故事中，小猪和它的帽子发生了什么事情？你觉得最有意思的是什么？
- 幼儿自主阅读后，教师依据幼儿的关注点引导幼儿对故事中的情节片段进行梳理和讲述。

预设幼儿的兴趣点：

（1）各种各样的帽子

关键提问：
- 小猪有些什么样的帽子？
- 你从哪里可以看出小猪特别喜欢帽子？

（2）有决心的小猪

关键提问：
- 小猪出门戴了一顶什么样的帽子？
- 它遇见了谁？发生了什么事？
- 小猪拿回帽子了吗？它是怎么拿回自己的帽子的？容易吗？它为什么一定要这么做？
- 这真是一只有决心的小猪。

（3）勇敢的小猪

关键提问：
- 鳄鱼看到小猪的帽子做了什么？
- 小猪想了什么办法拿回了自己的帽子？这么做会有怎样的危险？
- 但小猪心里怎么想的？
- 你觉得这是一只怎样的小猪？
- 这真是一只勇敢的小猪。

（4）耐心的小猪

关键提问：
- 小猪等下去了吗？

110 —— 语言活动这样做

- 它为什么要一直等下去？
- 虽然时间很长,但小猪却一直等下去,你觉得这是一只怎样的小猪？
- 什么叫耐心？（不急躁,不厌烦；能坚持完成一件可能十分麻烦的事。）

（5）善良的小猪
- 小猪又换了什么样的新帽子？你们喜欢这顶帽子吗？
- 小老鼠为什么哭了？小猪是怎么做的？小猪那么喜欢帽子,为什么会把帽子送给小老鼠呢？

（6）为朋友做帽子的小猪

关键提问:
- 小猪在做什么？为谁做？它为什么要为它们做帽子呢？它不是用尽力气才把帽子都取回来了吗？
- 小结：听了这个故事,你们有没有觉得这只有决心的、勇敢的、耐心的小猪只有在付出的时候才是善良、最快乐的呢？

【设计意图: 1. 引导幼儿在不断发现问题、寻求答案的阅读过程中,逐步发现、感受并理解小猪的心理变化。看似无用的帽子教会了小猪许多良好的品质: 坚持、勇敢、忍耐。在将心爱的帽子送给又冷又饿且无家可归的小老鼠后,小猪完成了它的另一个品德的培养: 帮助他人、乐于付出。2. 让幼儿在带着简单问题去阅读的过程中,学习自主阅读；在寻求答案的阅读过程中,适应自主阅读；在不断验证各个观点并反复阅读的过程中,积极地自主阅读。跟随孩子,自主阅读贯穿始终。】

四、活动结束

这本书如果再仔仔细细地去看,说不定你还会有许多新的感受,想不想继续看？下次我们再来交流我们的新发现。

活动解析

绘本《喜欢帽子的小猪》,故事情节生动,趣味十足。无论是憨态可掬的哈密尔顿、脖子快要伸到书外面去的长颈鹿、嘴巴大大的还坏笑着的鳄鱼等都栩栩如生。它们也是不同性格孩子的化身,是孩子们的成长伙伴,它们的存在让故事更加丰富。故事的线索是: 喜欢帽

子的小猪从被抢走帽子——找回帽子——送出帽子（最后小猪将自己最心爱的帽子送给需要的动物朋友）。整个故事篇幅较长，阅读全书，能够感受到作者有意赋予本书的教育意义：有决心、勇敢、耐心……这些关键词在回环往复的情节结构中不断叠加，成长的图景逐步显现，有利于孩子加深印象、理解主题，也有利于教师通过绘本引导幼儿乐于与同伴交往，体验和同伴共处时互帮互助的快乐。

整个活动运用的是开放、自主的阅读形式，在阅读中运用自主阅读和引导阅读相结合的方式展开故事，凸显小猪对爱帽子的执着以及故事中小猪的心情变化。

1. 在阅读的基础上，引导幼儿尝试自己提出问题，初步理解画面的内涵。孩子的问题就是他们感兴趣的内容，抓住孩子的问题可以引发孩子间的互动。而且，问题是从孩子中来，解读也从孩子中来，孩子能真正成为阅读的主人。

2. 培养幼儿的阅读技巧，逐步掌握一些阅读方法。例如培养孩子阅读时能前后联系或前后对比地看书。能仔细观察每幅图片中的细节、线索，找相同、找不同，发现一些隐含在书中或角色内心的秘密等等。而阅读过程中字卡的运用，亦能提高大班幼儿对绘本中关键词的关注与理解。

3. 自主阅读与引导阅读的有机融合。在阅读过程中，应当在"关注故事内容"的同时，整体地关注"阅读方法，阅读习惯"，注重孩子的个体发现，同时为生生互动创设平台，群体共享个体的已有经验，深入细致地解读作品。

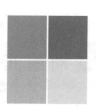

活动 2-6

像狼一样嚎叫(大班)

鹤庆幼儿园　施春美

活动目标

1. 仔细观察画面,捕捉画面信息,理解故事中人物摩卡出走的前因后果。
2. 在感受摩卡心理变化的过程中,知道做回自己才是最快乐的事。

活动准备

幼儿人手一本绘本《像狼一样嚎叫》*、PPT课件、字卡等。

活动过程

一、观察封面,引起兴趣

1. 今天老师带来了一本新的绘本,这回是关于谁的故事呢? 我们一起来看看封面:封面上有谁? 在干什么?(有一只小狗在叫。)

2. 看一看,你觉得它是怎么叫的?(呈现书名)

3. 那这只可爱的小狗,为什么不待在家里,要像狼一样跑到山顶上去嚎叫呢? 带着这个问题,我们一起去看看书,找一找答案。

【设计意图:从故事封面引起幼儿对于绘本的兴趣,激发幼儿自主阅读并寻找答案的愿望。】

---

* (日)庆子·凯萨兹/文·图.像狼一样嚎叫.任溶溶/译.江苏少年儿童出版社,2009.

二、幼儿自主阅读绘本,理解故事主人公摩卡出走的前因后果

(一)分段自主阅读——A段:绘本P1-P9

1. 幼儿人手一本图书,独自安静地阅读第一段。

2. 提问:

看看到底是什么原因让摩卡要像狼一样嚎叫呢?

【设计意图:让幼儿带着问题阅读绘本的第一段——"摩卡出走前":摩卡为什么不好好做狗,要跑到山上学狼叫呢?从书中寻找和了解摩卡出走的原因。】

------

3. 幼儿相互分享阅读内容。

(1)提问:摩卡为什么向往象狼一样生活呢?

(2)总结并追问:因为摩卡看了一本关于狼的书。那狼是怎么生活的,为什么摩卡这么羡慕呢?

(3)总结:狼的生活自由自在,可以自己捕猎食物,晚上还可以在山顶上嚎叫。

(4)追问:与狼的生活相比较,摩卡过着什么样的生活呢?

(5)总结:摩卡被牵着绳子不能乱跑,只能吃主人提供的狗粮,晚上为了不影响邻居不能嚎叫,所以它终于下定决心要出走了。

【设计意图:幼儿自主阅读后的分享交流非常重要,教师要起到穿针引线的作用,及时地根据幼儿的回答进行追问、梳理和总结。教师应引导幼儿把自己观察到的图片内容建立起前后联系,通过观察、对比、表达,理清故事脉络。】

(二)分段自主阅读——B段:绘本P10-P25

1. 阅读前提问:摩卡逃走后发生了哪些有趣的事?哪些是高兴的,哪些又是伤心的?

【设计意图:让幼儿带着问题进行阅读,目的性比较明确,能让幼儿更仔细地观察并了解摩卡出走后的心情变化。】

------

2. 幼儿相互分享阅读内容。

(1)提问:摩卡出走后发生哪些高兴的事儿?

(2)总结:像狼一样自由地奔跑、跳跃、跳舞,并可以随地大小便。

(3)提问:摩卡出走后还发生了哪些事儿?

（4）总结：摩卡追捕不到猎物，小动物们欺负它，嚎叫的时候看到了真的狼吓坏了。看来狼的生活并不是想象中那样地自由自在，所以它准备回家去。

【设计意图：通过教师一系列的提问、追问和总结，让幼儿清楚地了解了摩卡出走后的情绪变化。】

（三）分段自主阅读——C段：P26-P32

1. 阅读前提问：回到家后摩卡看到了谁，感觉怎么样？

2. 总结：主人非常地想念他，还为它写了寻狗启事，他们快乐地拥抱在一起。其实，别人快乐的生活方式并不一定适合你，不用去羡慕他们，做回自己才是最快乐的。

三、延伸活动

猜测主人公看了一本猴子的书以后会发生什么事，尝试续编故事。

【设计意图：能根据故事情节，收集猴子的生活习性，并发挥想象力创编新的故事。】

活动解析

教师让幼儿分三段进行自主阅读，尝试观察并讲述故事内容，初步培养幼儿把握故事情节和脉络的能力。

1. 仔细解读，明确活动定位

《像狼一样嚎叫》是一本情节跌宕有趣的绘本，它讲述了这样一个故事：摩卡是一只宠物狗，但它厌倦了这平淡又安逸的日子，想过一种截然不同的生活，那就是——像狼一样自在地生活。于是，它偷偷地出走，开始了全新的生活。但事实并不像摩卡憧憬得那么美好，一切变得那么糟糕，最后它不得不回到家中……绘本中画面描绘细腻，情节发展轨迹清晰，有利于幼儿的阅读理解。

活动前，教师应仔细解读绘本，了解绘本所呈现的内容和精髓，理清故事的脉络和纲要，并

把活动形式定位成幼儿自主阅读活动,在此基础上展开设计,以做到心中有数,游刃有余。

2. 理清思路,做好充分预设

自主阅读,对教师教学过程的把控有一定的挑战性。《像狼一样嚎叫》这本绘本的故事情节大致可分为三段:摩卡向往狼的生活决定出走、出走后屡屡受挫、最后逃回家中。为了让孩子在自主阅读后能更好地找到故事线索和思路,教师根据绘本的情节发展特点,把自主阅读活动分为三个部分,每一分段的分享交流都做好了充分的预设。无论幼儿讲到哪一张图,教师都做好了继续追问的准备,以更好地引导幼儿观察、理解画面,能充分表达表现。

3. 分段欣赏,引导观察细节

分段欣赏,它的好处在于让幼儿每一次观察的画面都相对比较集中,使幼儿能充分观察画面中的每一个细节。此外,教师能依据幼儿的表述展开进一步的提问,使孩子对画面的理解更为细致、深刻。比如:第一次自主阅读,通过教师的追问,幼儿能淋漓尽致地描述出摩卡出走的原因。第二次自主阅读的时候,由于故事情节环环相扣,孩子们能主动根据故事线索的发展进行有序地观察和描述,从而有效地达到预设的目标。

4. 有序梳理,呈现故事脉络

分段欣赏后,怎样将孩子们零星的发现梳理成有序的呢?教师选择了粉笔板书的形式,将关键词图文并茂地加以呈现,以帮助孩子们整理思路和故事脉络,使得孩子们一看板书就能明白故事的前因后果以及发展的先后顺序,便于幼儿的理解。

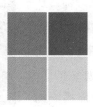

活动 2–7

葡萄（大班）

丰镇第一幼儿园 陆瑾

活动目标

1. 欣赏绘本《葡萄》*，能捕捉到图片中提供的线索，并讲述狐狸种葡萄的过程。
2. 理解故事内涵，知道要想成功就需要像小狐狸种葡萄一样付出爱与努力。

活动准备

PPT课件，自制大笔记与小笔记本，绘本《葡萄》小图片等。

活动过程

一、观察封面，想象故事

看封面，猜猜狐狸想干什么？你觉得它是一只怎样的狐狸？

【设计意图：当狐狸抬头盯着一串葡萄馋涎欲滴时，孩子们的心中涌现出一个固有的反面角色——馋、懒、坏的狐狸形象，而绘本的结局恰恰与孩子们的意料相反。第一环节给了孩子一个充分想象的空间，又能让孩子带着问题，有兴趣地一步一步走进绘本，了解这只不一样的狐狸。】

---

* 邓正祺/文·图.葡萄.明天出版社,2010.

语言活动这样做 —— **117**

活动 2-7

二、欣赏画面,理解故事

(一)勤恳播种

教师边呈现动画边讲述:从前,有一只狐狸,它勤勤恳恳,种了一园子的葡萄。

提问:

1. 什么叫勤恳?小狐狸是怎样勤勤恳恳地劳动的?

现在我们扮演一下小狐狸,大家一起来种葡萄,比一比哪只小狐狸劳动时最勤恳?(音乐\PPT)

(幼儿在欢快的音乐伴奏下,看着PPT中的动态提示,模仿小狐狸提篮、耕地、播种、擦汗等动作,感受劳动的快乐。)

2. 你认为它是一只怎样的狐狸?(字卡:爱劳动)

 小 结

为了吃上甜美的葡萄,狐狸勤勤恳恳地耕地、播种。

【设计意图:本环节体现了动静交替的学习原则,又关注了孩子多种方式的表现与表达,在轻松愉快的氛围中用语言、动作解读绘本,体验狐狸劳动时的勤恳。】

(二)寻求方法

倾听故事:为了吃上甜美的葡萄,狐狸勤勤恳恳地劳动,不用说,它最期盼的,就是葡萄丰收啦。可是,怎样才能种出最多、最甜的葡萄呢?狐狸又是去图书馆又是在网上搜索,还特地拜访了葡萄专家。

提问:

1. 狐狸为了吃上甜美的葡萄,它又做了些什么?

2. 那你觉得它又是一只怎样的狐狸?(字卡:爱动脑筋)

 小 结

原来,小狐狸为了吃上甜美的葡萄,不仅勤勤恳恳地劳动,还找了很多种出葡萄的好方法。

【设计意图:通过有效的小结语和"画龙点睛"的字卡,一只爱劳动、爱动脑的狐狸形象逐渐清晰、明朗。】

（三）落实行为

倾听故事：最后，狐狸得出最权威的一条真理——要有爱。可是怎样才算有爱呢？狐狸决定去请教几位特别有爱的人……

提问：

1. 出示"大笔记本"

小狐狸去请教特别有爱的人时还带上了笔记本，认真地做记录。我们一起来回忆狐狸请教了哪些特别有爱的人？

【设计意图：教师根据孩子的回忆，按照顺序在大笔记本上贴上字卡：妈妈、爸爸、哥哥、老师、伯伯。此环节能很好地培养孩子倾听与记忆的能力。】

- -

2. 理解怎样才算有爱？（一边回忆一边贴上图片，讨论并理解笔记的内涵。）

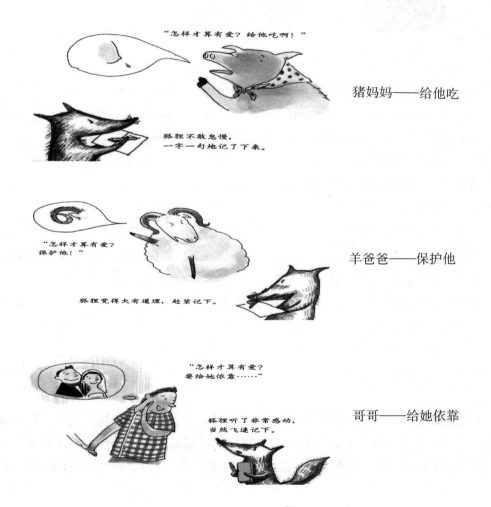

"怎样才算有爱？给他吃啊！"

狐狸不敢怠慢，一字一句地记了下来。

猪妈妈——给他吃

"怎样才算有爱？保护他！"

狐狸觉得大有道理，赶紧记下。

羊爸爸——保护他

"怎样才算有爱？要给她依靠……"

狐狸听了非常感动，当然飞速记下。

哥哥——给她依靠

老师——熏陶她

伯伯——恒久忍耐

提问：

猪妈妈、羊爸爸、哥哥、老师、伯伯是怎么说的？怎样才算是有爱啊？

依据幼儿的回答，教师进行有针对性的互动，引导幼儿感受不同的人对爱的不同理解。

给他吃——幼儿：我小时候喝过妈妈的乳汁，长大了还要吃各种蔬菜、水果等。

教师：所有生命的成长必须要有营养，所以妈妈总是费心地给宝宝吃。

保护他——幼儿：羊爸爸保护孩子的方法就是用羊角顶。我的爸爸力气很大，也会保护我。

教师：孩子在成长的过程中会遇到危险，爸爸爱孩子，就会保护孩子，让孩子不受伤害。

给她依靠——引导幼儿用动作体验：两个孩子当场体验互相靠着的感觉，觉得很舒服、省力。

教师：这个动作就是依靠！依靠就是给别人力量，给别人帮助。

熏陶她——幼儿：经常听音乐，心情会好的，身体会更健康。

教师：这就是熏陶的力量。

恒久忍耐——幼儿：恒表示永恒；久表示时间长。

教师：孩子的长大需要好长时间，所以，不是一会儿，而是要长时间的等待与忍耐。

【设计意图：此环节是本次活动的重点与难点。为了帮助孩子梳理经验，教师巧妙地运用了教具"大笔记本"，通过幼材互动、幼幼互动、师幼互动，理解"怎样才算爱"。对于每一条笔记的问题与回应，教师都是经过推敲的，把"爱"与葡萄的生长关系隐藏在里面。】

3. 讨论怎样按照笔记给葡萄爱？

分组讨论、操作：这些"爱"与葡萄的生长有什么关系呢？如果你是小狐狸，你将怎样按照笔记本上说的做呢？

请把图片摆一摆、贴一贴、说一说。

给它吃：

妈妈——给他吃
小狐狸——给它吃：浇水施肥

保护它：

爸爸——保护他
小狐狸——捉虫

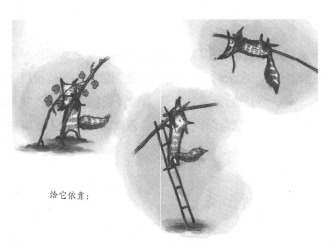

哥哥——给她依靠
小狐狸——搭葡萄架

给它依靠：

熏陶它……

老师——熏陶她

小狐狸——音乐舞蹈

那让人费解的"恒久忍耐"……

伯伯——恒久忍耐

小狐狸——长时间等待

4. 引导幼儿表达、交流。尝试用"×× 说：爱就是……小狐狸就……"的方式表达小狐狸将"爱"落实到种葡萄的行为中的过程。

5. 观看 PPT 进行验证。小狐狸得出真理：要有爱，它是否做到了呢？为了吃上甜美的葡萄，狐狸不仅勤恳劳动，而且还爱动脑筋，寻找种出好葡萄的方法，其实最重要的就是要有爱。（字卡：有爱心）

【设计意图：这一环节对孩子是有挑战的。教师可以根据孩子不同的发展水平提出不同的要求。对于能力差的幼儿，不一定要求他第一次全对，只要能激起他思维的碰撞就可以了。对于能力强的幼儿可以要求小组合作，一人一句进行连贯地表达，例如，猪妈妈说："爱就是给它吃"，小狐狸就为葡萄浇水施肥；羊爸爸说："爱就是保护它"，小狐狸就为葡萄除去害虫……】

三、呈现结果，感悟故事

1. 小狐狸成功了吗？它怎么会成功的？

用字卡梳理并总结小狐狸的品质：爱劳动、爱动脑、有爱心……

2. 葡萄丰收了,狐狸请你们吃葡萄。(出示实物:葡萄)

我们一边吃葡萄,一边想想,哪些事情就像种葡萄一样需要勤恳劳动、开动脑筋和有爱心呢?

【设计意图:让孩子在饱满的情绪中结束,又留有问题让孩子有拓展思维的空间,意犹未尽,为后续的思考提供动力。】

活动解析

狐狸勤勤恳恳地种了一园子的葡萄,它最期盼的,当然就是葡萄丰收啦!可是,怎样才能种出最多、最甜的葡萄呢?面对这个问题,狐狸经由了两次探寻。第一次,狐狸多方查阅资料,最后得出最权威的一条真理:要有爱!第二次,狐狸遍访它认为"有爱"的人,了解到他们对爱的不同理解。接着,狐狸又进行了认真的实践,依据笔记,将"爱"落实到种葡萄的实践之中……

之所以选择绘本《葡萄》作为本次活动的内容素材,是因为:

一方面,在外国绘本日益流行的今日,我们意外地发现了一本由中国80后女生邓正祺原创的图画书《葡萄》。欣赏图画书《葡萄》,让人联想到伊索寓言中的故事《狐狸和葡萄》,但是《葡萄》的故事却与《狐狸和葡萄》的故事形成了鲜明的反差:一只积极正面的狐狸,没有精神胜利法,而是用爱心、劳动、头脑和意志力获得成功。

另一方面,作品幽默,且蕴含深意。儿童文学的幽默与儿童的心理和生活密切相关,绘本有意把"爱"这一高尚又严肃的事物,与"吃"这一看起来既不高尚又不严肃的事物联系在一起,从而营造出幽默的效果。因此,活动设计时可站在孩子的立场,抓住孩子的逻辑,让孩子们通过捕捉图片中所提供的线索,联系自己的生活经验,解读种葡萄的要点,从而为执着地追求梦想、努力求得成功的小狐狸所感动。

依据绘本内涵,活动中教师力求做到:

1. 立足感受,引发思考

孩子对世界的认识是感性的、具体的、形象的,这就决定了他们的学习是以直接经验为基础的。因此,在活动中很多环节的设计立足于孩子的感受,以此引发孩子的思考:如故事第一段,为了让孩子理解狐狸是怎样勤勤恳恳种葡萄的,教师设计了一个音乐小游戏,孩子们在欢快的音乐伴奏下,看着PPT画面中的动态提示进行动作,想象并表演小狐狸提篮、耕地、播种、擦汗等动作。通过这样有趣的切身模仿与体验,孩子们能感受到狐狸种葡萄时的忙碌,体会小狐狸的勤劳。此外,活动中的很多提问设计也能立足于孩子的感受,引发孩子的思考。

例如在讨论"很有爱的人——怎样才算爱？"这一问题时，教师时刻引导孩子联系自己的生活来发表见解：小时候，你妈妈给你吃什么？长大了，妈妈又为你做什么好吃的？你的爸爸是怎样保护你的？你们试试两人互相靠着感觉怎样……正是在活动设计中注重立足于孩子的感受，才使孩子们在活动中兴趣盎然、思维活跃。

2. 运用教具，理清思路

绘本《葡萄》，画面很多，故事也比较长。而且，它的情节内容是连续的，不像有些绘本故事可以筛选。为了激发孩子的兴趣，引发孩子的自主思考，教师把长长的故事进行分段，第一段与最后一段运用PPT的方式欣赏故事，中间的画面与故事则运用了两个教具："大笔记"和"配对小图片"，来帮助幼儿分解难点、理解故事、理清思路。

其一，教具——"大笔记"：当大大的笔记本形象地展现在孩子们的面前时，一下子就吸引了孩子的注意力。"这就是小狐狸的笔记，它请教了哪些很有爱的人呢？""怎样做，才算是有爱呢？"根据孩子们的回答，教师和孩子们在空白的"大笔记本"上贴上准备好的"小图片"，一边贴一边展开讨论，"这个羊角表示什么呢？谁能看懂？""哥哥后面又请教了谁？""音符是什么意思呢？"慢慢地，空白的"大笔记本"在小朋友的参与讨论中被"记"得满满的，丰富又多彩。孩子们也在这一过程中明白了哪些人有爱？什么是爱？怎样去爱？更为具体形象地帮助孩子理解和梳理故事内涵。

其二，教具——"配对小图片"：本次教学活动的难点是理解"爱"与种葡萄间的关系。当孩子们通过理解狐狸的"笔记"，明白了不同的角色有不同的爱时，教师并不急着马上去揭晓狐狸的所作所为，而是为每组孩子准备了配对的小图片，让孩子们根据刚才的笔记，按照自己的理解，把图片摆一摆、贴一贴、说一说，从而将"怎样才算有爱"与种葡萄的行为关联起来。如笔记是"妈妈——给他吃"，孩子们就要找到小狐狸浇水施肥的图片；如果是"哥哥——给她依靠"，要找的配对图片是小狐狸搭葡萄架，总之，在利用教具进行"配对"游戏时，孩子们的思维在不断的选择中进行碰撞，正是在这一过程中，通过促使幼儿自主学习，建构起"爱"与"种葡萄"的种种关系，从而更好地达成教学目标。

活动建议：在整个教学过程中，教师非常注重及时小结，每一个提问后有小结，每一段话有小结。有的小结语能"画龙点睛"，如"因为爱，所以狐狸像爸爸一样保护葡萄，给它捉虫"；有的小结语能引人思考，如："这些爱与葡萄生长有关系，如果你是小狐狸会怎么做呢？"但是，还有一些小结语比较教条、繁琐，幼儿不易理解，有待改进。

搬过来, 搬过去 (大班)

鹤庆幼儿园　施春美

活动目标

1. 尝试自主阅读画面, 发现并用语言表述鳄鱼和长颈鹿共同生活中的不便。
2. 感受鳄鱼和长颈鹿之间的浓浓情谊。

活动准备

1. 之前阅读过前一部绘本《鳄鱼爱上长颈鹿》。
2. 幼儿人手一本绘本《搬过来, 搬过去》*。
3. PPT课件。

活动过程

一、谈话导入

出示图书的环衬, 提问:

1. 我这儿有一本已经打开的书, 你们猜猜书里讲的是谁的故事?
2. 你是怎么知道的?

【设计意图: 出示图书的环衬, 引导幼儿观察, 激发幼儿阅读绘本的兴趣。而环衬中两只主人公的手, 亦可使幼儿观察、发现并回忆起第一部故事中两个可爱的、身高悬殊的主人公——鳄鱼和长颈鹿。】

---

* (德) 达尼拉·库洛特/文·图. 搬过来, 搬过去. 方素珍/译. 少年儿童出版社, 2007.

3. 呈现封面：我们一起看看这本书。故事的名字叫做——搬过来，搬过去。

【设计意图：观察封面，揭示谜底。告知幼儿这本书是第一部《鳄鱼爱上长颈鹿》的续集，讲的是长颈鹿和鳄鱼结婚以后发生的故事，让幼儿对故事的起因更为明了。】

二、自主阅读

重点：尝试自主阅读，发现鳄鱼和长颈鹿在一起共同生活时的不便。

1. 我们自己来看看这本书，找找你觉得比较有趣、能看得懂或是觉得比较奇怪的地方。

【设计意图：此环节是鼓励幼儿进行自主阅读的重要部分，教师要为孩子提供充足的时间以观察并了解故事的内容和画面，引导幼儿自己探究长颈鹿和鳄鱼生活在一起后发生的一些故事。其中，教师要始终关注幼儿的阅读习惯，比如：看书和翻书的姿势、独立看不跟同伴交流等，同时，教师要提醒幼儿将自己看得懂的、有趣的画面藏在心里，记住页码，以便介绍给大家，引导孩子有目的、有序地进行观察。】

2. 幼儿人手一本绘本，安静地阅读起来。

三、讨论理解

重点：要求大胆地运用语言描述观察到的画面内容和细节。

1. 现在谁愿意来说说你觉得很有意思的地方，记得先要告诉大家你要说的是第几页？然后说说画面中的什么让你觉得很有意思？

【设计意图：在幼儿开始为大家介绍画面内容前，教师提醒幼儿不要忘了先告知大家你要说的画面所在的页码，和大家一起分享，从而达到以个体经验辐射全体的效果。在此基础上，可以提示幼儿：谁对这幅画感兴趣也想来说说，可以补充一下。通过集体的分享挖掘画面中更多的内涵。在幼儿讨论交流的过程中，教师应及时回应、总结幼儿找到的鳄鱼和长颈鹿共同生活中的许多麻烦事，并运用字卡进行线索罗列。】

2. 这么麻烦地搬过来,搬过去,而且有那么多的不方便,最后它们有没有分开呢？为什么不分开?

【设计意图: 感受鳄鱼和长颈鹿之间相亲相爱、谁也离不开谁的情感。】

3. 那这么多的麻烦,最后它们都解决了吗?

4. 它们的新家在哪里? 你发现它们是怎么解决这些问题的?

【设计意图: 幼儿观察画面,将新家的环境与麻烦事一一对应,找出解决的办法。】

 总 结

在遇到麻烦或面对困难的时候,只要两个人相亲相爱,多动脑筋想办法,就一定能解决所有的问题。

活动 2-8

活动解析

自主阅读活动是一种有别于传统阅读的教学形式。它突破了以往"幼儿跟着老师理解故事"的模式，而是要求幼儿自己能够充分观察画面，表达自己对图书的理解，提出自己感兴趣的、疑惑的地方，通过同伴间的互相解答、设疑追问、参与性体验等方式，让大家有序观察，更为清晰地了解绘本内容，并在此基础上得到提升。虽然这种教学方式对老师现场的教学能力、随机性等都具有很大的挑战性，但它却对培养孩子的阅读常规以及在阅读过程中的观察能力、表达能力和逻辑推理能力有着相当重要的帮助。

绘本《搬过来，搬过去》是"爱情三部曲"中的第二部，书中有趣离奇的情节，透露着浓浓的情谊，画面夸张生动富有灵性，易于幼儿观察理解和表达，是一本非常适合让孩子们尝试自主阅读的读本。因此，在孩子们已经熟悉并理解绘本第一部《鳄鱼爱上长颈鹿》之后，我们便开始尝试根据第二部绘本《搬过来搬过去》设计和实践自主阅读活动。在一次次的研讨过程中，我们总结出了以下几点：

1. 认真研读绘本，挖掘教材重点

绘本《搬过来，搬过去》讲述了一个很幽默、离奇且画面生动的故事。故事线索简洁明朗，主要分为三部分：搬到鳄鱼家——搬到长颈鹿家——创建新家。而绘本的主要矛盾就是鳄鱼和长颈鹿在搬过来搬过去的过程中产生的种种麻烦和不便，从而引发它们创建新家的想法和实践。因此，在幼儿阅读绘本的过程中，只要把在搬家过程中产生的一些不便寻找出来，就能明白整个故事的大致意思。因此，本次自主阅读的核心要素就是要求孩子在自主阅读的时候，将绘本中有意思或是感觉奇怪的地方寻找出来并记住其页码，再在集体面前大胆地表述出来。值得注意的是，教师并不是一味地跟随孩子的思路胡乱讲述，而是要根据故事的主要线索——生活中遇到的不便，梳理幼儿的经验。梳理时，采用的教学策略是出示字卡，比如：站立、吃饭、上厕所、走楼梯等等，并配上相应的图片，以具体直观的形式呈现鳄鱼与长颈鹿生活中的种种不便。

2. 注重教学节奏，做到详略得当

自主阅读是教师完全跟随幼儿感兴趣的点和思路进行的教学活动。虽然活动内容很开放，但每本绘本大多有二十几页，如果让幼儿讲述每一张，则时间难以把握。因此，怎样才能在有限的时间内，既激发幼儿自主阅读的兴趣，又能让幼儿大致地理解和感受绘本的奇趣呢？老师在预设活动时就要注重对重难点的选择。

例如孩子们对最后一张创建新家的图片（下图1）都非常感兴趣，往往会被马上说到。可这张图就像最后的谜底，太早揭开就会丧失悬念，怎么办呢？教师可以采用不避开的方式，让孩子们说说对图中感兴趣和感到奇怪的地方，最后出示字卡符号"？"让这个问题留着待会儿

解决。这样,既满足了孩子们的好奇心,又留有一定的悬念,使得孩子们继续探索下去。

此外,当画面内容跟绘本的主要线索和矛盾并没有太大的关系时,如果孩子们提及,教师可以一两句话带过,从而使活动环节更为紧凑。

3. 充分预设提问,围绕目标回应

教师在研讨时,几乎对每一张画面都做了相当详细的预

◎图1

设准备,特别是提问的方式以及追问和梳理总结。例如绘本第十五页鳄鱼走钢丝晾衣服这张图(图2),教师预设的提问和追问是:鳄鱼在干什么?它为什么要爬那么高晾衣服呢?它好像在走——钢丝,你觉得走钢丝是一件什么样的事?通常是谁走钢丝的?既然这么危险,鳄鱼为什么还要去做?这一系列问题都是围绕目标提出的,从而挖掘和理解主角间的深情。

再如绘本第十四页"鳄鱼坐大马桶"(图3),教师预设的提问是这个马桶是它的吗?你还从哪里看出来这是长颈鹿用的?鳄鱼坐在那么高的马桶上心情会是怎样?

◎图2

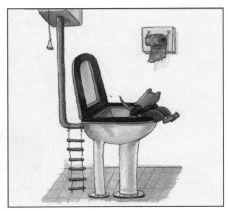

◎图3

当然,预设只是预设,关键还要看幼儿的现场反应,教师要根据幼儿的实际情况随机调整,而这对教师的随机应变能力有着很强的挑战。

例如在一次教学活动中,幼儿对绘本中的水管车产生了兴趣。由于生活经验的因素,幼儿都认为这是油罐车而不是水车,难以谈论到点子上。为此,教师采取的方法是先让孩子充分发表自己的观点并阐述自己的理由,再引导孩子们观察下一张图片。当孩子们翻到后面一看是游泳池,立刻就明白了车里装的是水,而不是油。因此,当孩子们在认知上产生误区的时候,老师一定要留给孩子们思考与辩论的空间,同时,适时进行一定的引导,这样才能充分调动孩子们思考的积极性,提高他们的观察和逻辑推理能力。

4. 注重阅读常规,及时进行培养

在活动中无论何时老师都要将常规要求贯穿始终,要时刻关注孩子的阅读习惯。比如教师在发书时,培养孩子双手接物的习惯、看书时翻书的动作、听讲时书的合拢状态、讨论时告知幼儿正确的页码、集体解读等等。教师要做有心人,及时观察与提醒,逐渐培养幼儿良好的阅读习惯。

5. 把握目标指向,活动主线清晰

教师心中一定要有明确的目标意识。对于本次活动的目标重点,教师心中一定要有主线,注重围绕绘本中的线索和内涵,及时引导和提高孩子的观察能力以及表达能力。

6. 注重欣赏倾听,避免急于求成

教师在执教过程中要懂得欣赏和倾听孩子的发现,从孩子的角度不断地适时加以引导,不能急于将画面观察的结果直接告知孩子,剥夺孩子观察的机会。

对教师而言,自主阅读是一种较新颖的教学方式,通过教师自己的思考转变成全新的自主阅读绘本模式。虽然研讨的结果令人满意,给爱上课俱乐部的老师们以很大的冲击和震撼,但我们知道这条路还很长,值得研究的地方还有很多很多,我们将带着研究精神继续努力,将自主阅读的教学模式发展为常态下的教学活动,以进一步提高教育教学水平。

三

侧重于
情感体验的
活动

关注体验 快乐阅读（一）

——以情感体验为主导的幼儿文学活动内容的选择和活动设计

安亭幼儿园 诸佩利

幼儿文学作品中蕴含着丰富的情感因素，幼儿在欣赏时也会产生各种各样的情感体验和情感共鸣，这是教育的重要契机。在教学实践中，我们尝试依据幼儿欣赏文学作品时的心理过程和特点，以激发幼儿的情感体验为切入口，通过开展有效的教育引导，唤起幼儿的道德情感，使其得到美的体验，促使幼儿在活动中主动感知，激发其想象和思维，成为活动的主体，在活动中使身心得到全面发展。

一、以情感体验为主导的幼儿文学活动内容选择

中外幼儿文学宝库里宝藏无数，但只有那些符合幼儿心理特点、能唤起幼儿的生活经验并激发幼儿想象和思维的文学作品才具有最大的欣赏价值。因此，教师在海量阅读的基础上，通过精心筛选与分析，寻找吸引幼儿的文学作品。同时，根据幼儿的年龄特点、心理特点选择适合不同年龄幼儿欣赏和表现的作品。

（一）小班

小班幼儿对色彩鲜艳、直观形象的作品尤其感兴趣，原因是小班幼儿对于图画的认识还停留在对各个对象的单个理解上，并不理解对象相互之间的联系。而且小班幼儿的知识经验比较贫乏，能引起情绪的动因往往都是与幼儿生活相联系的事物，由此我们可以选择以下内容。

1. 故事情节简单、生活化的作品

简单的画面能够吸引小班幼儿，并帮助他们理解与体验。如绘本《两个娃娃》，十分夸张地呈现出两个狗娃娃的不同用餐方法，形成强烈对比，激发了幼儿的观察兴趣，十分适合小班幼儿欣赏。绘本《一颗纽扣》，则将孩子们生活中常见的小小"纽扣"作为线索，在小老鼠寻找纽扣主人的过程中，渗透颜色、大小、形状以及动物的习性等内容，使幼儿收获很多惊喜。

2. 单幅单页，画面夸张的作品

小班幼儿以具体形象思维为主，因此教师要选择画面夸张、趣味性强的作品供小班幼儿欣赏。如绘本《是谁嗯嗯在我的头上》以画为主，字少图多，而且画面丰富，夸张、有趣地呈现

各种动物的"嗯嗯",极大地激发了小班幼儿的兴趣。

（二）中班

中班幼儿喜欢色彩鲜艳、线条明快、形象生动的文学作品,情感稳定性逐渐提高,但带有明显的情境性,情感很容易随着情节变化而变化。因此,教师选择内容时,可以选择故事性强的作品。

1. 故事性强的作品

中班幼儿主要关注图画书中隐含着的故事性,这与中班幼儿的思维发展水平密不可分。他们正处于直觉思维阶段,能发现事物中的一些客观逻辑,如绘本《好朋友》、《对不起》等,都是故事性较强的作品,需要幼儿思考和想象如何帮助小鸡过河、如何摘到樱桃等等,这也都是适合中班幼儿理解与体验的内容。

2. 情节丰富有趣的作品

例如艾玛系列丛书《艾玛与风》,故事中的主人公艾玛是幼儿所熟悉的一头大象,艾玛身上的彩色花纹区别于其他大象的颜色,比较绚丽鲜艳,能引起幼儿的关注,符合中班幼儿的审美特点。作品中,艾玛被风吹到很多有趣的地方,给幼儿强烈的视觉冲击,孩子们不禁和艾玛一起旅行,想象自己也来到了有趣的地方,并能按照"先、再、然后"的顺序进行大胆表述。

（三）大班

大班幼儿随着年龄的增长,情感的社会性需要不断增多,渴望在文学作品中寻找更丰富的情感体验,能够将作品中抒情性的语言、优美的音乐与美妙的情景联系起来;另外,大班幼儿的观察能力随年龄的增长而提高,能进行有目的的、细致的观察,并对文字和符号表现出更多的兴趣。因此,我们选择内容时,可以选择以下两类作品。

1. 蕴含深刻感染力的作品

这些作品图文并茂,例如充满爱的教育绘本《葡萄》(见本书活动2-7)、《会魔法的爸爸》、《像狼一样嚎叫》(见本书活动2-6)等。以绘本《葡萄》为例,这是一个快乐的故事,从狐狸想种出最多、最甜的葡萄的这一目的出发,描述了小狐狸通过寻找与实践,最终收获葡萄的有趣故事。这些绘本将认知和情感结合在一起,且故事情节留给了孩子很大的想象和创造空间,更激发了幼儿对爱的一种体验。

2. 蕴含丰富想象探索的作品

这些作品能引发幼儿的细致观察和探索思维。如探索身体系列丛书《心脏》、《便便》、《骨骼》、《牙齿旅行记》、《身体里的洞洞》(见本书活动4-5)等等,都是大班幼儿所喜欢的。大班幼儿对自己的身体既熟悉又陌生,随着年龄的增长他们对自己的身体也产生了一系列的问题,有了探究的欲望,开始关注身体内部的秘密,喜欢与同伴共同探索并发现身体里的秘密。体验式的探索发现能让幼儿感到兴奋和满足。

二、以情感体验为主导的幼儿文学活动设计

1. 用心解读,挖掘文学作品的内在情感价值

"分析教材"同样关键。在文学活动设计中,教师们普遍重视教学目标、环节设计和教育策略,却忽视对教材的认真解读。解读教材、分析作品是文学欣赏活动的必要前提。欣赏活动中,若要让幼儿得到情感体验,首先应该挖掘作品中蕴含的情感要素,帮助幼儿在情感上产生共鸣,促使其得到良好的情感体验。

例如绘本《一颗纽扣》,教师在第一次解读时,发现该故事整合了纽扣的不同形状、不同颜色、不同动物喜欢的食物等,可以从这个角度去设计活动。结合小班幼儿的年龄特点进行深入的思考,除了"各种纽扣"以外,孩子还会对什么感兴趣呢? 于是再解读,通过反复思考和挖掘,教师发现故事中反复的语言、对话是孩子所好奇的。故事最后老鼠妈妈充满爱的吻是孩子喜欢的,小小"纽扣"是孩子探索和发现的线索。孩子们在寻找纽扣的情景中,学说故事中充满爱的对话,在过程中感受故事,这才是本次活动的关键意义所在。在准确解读了作品的内在价值后,再开始设计活动,往往会事半功倍。

2. 完整设计,促成认知、态度与行为的三者融合

什么样的阅读活动设计才是幼儿喜爱的? 一问一答式的活动一定不是。如何在文学欣赏活动中让幼儿感到快乐? 我们认为应凸显自主,包括自由选择、自由交流、自由表现以及积极评价。从感知到理解,从体验到表达,有一个完整的设计,使幼儿的认知、行为、态度融为一体,实现幼儿的快乐阅读。

例如欣赏活动《像狼一样嚎叫》,首先由封面激发幼儿兴趣:这是谁? 是狼? 是狗? 是一只狗在学狼叫呢! 怎么嚎叫的? 幼儿一边学狼嚎叫一边激发了阅读的兴趣,"这只可爱的小狗,为什么不好好地待在家里,要像狼一样跑到山顶上去嚎叫呢?"幼儿带着问题去阅读,然后通过自主阅读发现并了解摩卡出走的原因,"摩卡逃出家后发生了哪些有趣的事呢?"这个问题引发幼儿第二次的自主阅读,了解摩卡出走后遇到的开心和不开心的事情以及产生的心情变化。通过两次自主阅读引发幼儿的情绪变化,在感受理解后,幼儿愿意在过程中大胆表达自己的想法;最后摩卡回到家,主人和摩卡会说些什么呢? 在自由表达的过程中幼儿感受摩卡重回主人身边的心情。在这个欣赏过程中认知、行为、态度融为一体,从感知到理解再从理解到表达有一个完整的设计,实现幼儿的快乐阅读。

3. 巧用方法,关注体验,实现幼儿快乐阅读

文学欣赏活动中强调应关注幼儿的情感体验,那么教师该如何关注,关注什么呢?

例如小班欣赏活动《抱抱》,适合刚入园的小班新生。他们因初入幼儿园,容易产生恐慌、失落、不安的情绪,渴望得到各种形式的安慰,特别是肢体上的抚触。《抱抱》通过各种动物间不同且简单的抱抱画面,生动地诠释了拥抱的魅力和作用,正好符合了该年龄段幼儿情

绪安抚的需求。同时，贴合幼儿的生活经验，充分满足了幼儿被爱、被拥抱的情感需要，并为幼儿学习表达内在的情绪感受提供了载体。

在活动中，教师运用事件描述法进行观察。如下表3-1：

表3-1　教师运用事件描述法进行观察

	教师教学策略 （教师的提问以及回应等。）	幼 儿 的 表 现 （情感的内在体验具有外在的表现形式，主要是显现的表情、动作和言语。）	建 议 （运用何种策略）
重点环节	让幼儿模仿小动物的拥抱，感受拥抱的快乐。同时，引导幼儿讲述生活中的拥抱，并和老师、同伴进行拥抱，体验拥抱的力量。	幼儿的表情：微笑、大笑。 动作：与同伴拥抱。 语言："抱抱"。 （幼儿在教师的引导下，在参与阅读画面、体验抱抱的过程中，体验作品中爱的美好情感。）	运用情景体验式的方法。 （幼儿将自己当成小动物参与到故事情境中，当幼儿相互拥抱时，能体验到强烈的满足感和安全感。）

在实际教学中，教师运用以上科学的观察方法关注幼儿的外在情绪变化，包括表情、语言、行为等，并分析幼儿在欣赏过程中的投入程度，发现问题，教师进行行为跟进并调整教学策略。真正实现关注幼儿的体验，让幼儿快乐阅读。

由此可见，在开展学前儿童文学欣赏活动时，可以通过教师对教材的用心解读，关注从感知到理解、从体验到表达的完整设计；关注活动中幼儿的认知、态度、行为的有机融合；关注幼儿的情绪体验，与作品进行相互交融，真正实现幼儿的快乐阅读，从而促使幼儿在快乐阅读中得到身心全面发展。此外，如何更好地评价文学欣赏活动，通过正确的评价改进教育策略等是我们研究室在下一步实践中需要进行深入研究和不断改善的！

关注体验 快乐阅读（二）

——以情感体验为主导的幼儿文学活动的支持策略

安亭幼儿园 诸佩利

儿童文学作品中蕴含着丰富的情感因素，幼儿在欣赏时也会产生各种各样的情感体验和共鸣，成为教育的重要契机。在实践中，我们尝试依据欣赏活动中幼儿的心理过程和特点，探索在文学欣赏活动中以激发幼儿的情感体验为切入口，通过有效的教育引导，充分发挥幼儿情感的动力源作用，使幼儿得到美的体验。同时，引导幼儿在欣赏活动中主动感知，激发幼儿的想象和思考，让幼儿成为文学欣赏活动的主体。

在文学活动中，教师该采取何种支持策略来帮助幼儿理解文学作品的内涵，激发幼儿的想象与表达，以更好地发挥教师的支持作用呢？通过实践发现，在活动过程中应注重创设情境，强调以体验为主，结合音乐和表演，通过阅读和感知，引导幼儿表达自己的情感体验，激发想象、表达与创造，以实现幼儿的身心发展。

一、多元体验，帮助幼儿理解文学作品的内涵

1. 语言体验

语言是作品的外在形式，是构成作品的媒介与符号，也是作品用来沟通作者与读者的桥梁。语言以文字为载体，而文字包含"音"和"义"两个方面，这两个方面构成了作品的艺术性。因此，通过语言来体验作品，应从音和义入手。

（1）音

汉字的音节和声调，构成语言的音乐美，而语言的音乐美在于音韵和节奏，节奏是单调的动态，对于情绪的影响作用比较大。

在幼儿欣赏作品时，引导幼儿注意语言的韵律美能让其从声音中享受艺术美。例如作品《月亮，生日快乐》，小熊喜欢月亮，它想送给月亮一份生日礼物。但是，小熊不知道月亮的生日是哪一天，于是它来到山顶和月亮交谈。在整个欣赏过程中，幼儿最感兴趣的就是小熊和月亮的对话。小熊问："告诉我，你的生日是哪天？"月亮回答道，告诉我，你的生日是哪天。"嗯，我的生日刚刚好就是明天呢！"小熊说。"嗯，我的生日刚刚好就是明天呢！"月亮说。在欣赏过程中并不需要让幼儿明白这是回声，因为幼儿总认为万物都是有生命的，会与他们自然对话。同时，中班幼儿渴望友谊并学习建立起友谊。乐观积极的小熊真诚无邪地交友，让

每位幼儿感到温暖而快乐！而语言的音乐功能不仅让幼儿觉得好听，而且能传情达意，增强情感的共鸣。

（2）义

语言层面的另一方面就是字词的含义。理解字词的含义是幼儿理解作品的前提，有时作品中关键的字词蕴含丰富的情感信息，例如作品《用爱送你回家》，小海豹救了小长颈鹿，它们成了好朋友。但是小长颈鹿有心事，什么是心事？教师可以和大班的孩子一起讨论词的含义，孩子说：心事就是心里的事；心事就是不想告诉别人的事。那小长颈鹿的心事是什么呢？通过对词义的讨论，以及对画面的观察，包括对小长颈鹿表情的观察，孩子体会到它的心事是想妈妈了，也为后面故事中小海豹同意送小长颈鹿回家埋下伏笔。

从文学作品中的音和义切入，通过语言体验让幼儿充分想象阅读画面中人物角色间的对话，让幼儿在感同身受中，关注并表达阅读内容。结合阅读，让幼儿有充分的对话机会，让孩子在"说"的过程中，发展语言；在"说"的过程中，感受并体验故事中蕴含的情感价值。

2. 情景体验

情景体验是充分尊重幼儿的阅读反应，充分给予幼儿解读绘本的自由，从而激发幼儿欣赏绘本的兴趣。让幼儿在欣赏的过程中化身为故事中的人物，通过想象去经历一场精神上的冒险和游历，在情景中体验作品所蕴含的意义。

如小班活动《是谁嗯嗯在我头上》。在整个欣赏过程中，孩子们就是小鼹鼠，遇到动物朋友，一起大声问：喂！是不是你嗯嗯在我的头上？一边问的时候一边情不自禁地跟着老师模仿起小鼹鼠的样子。孩子们把自己当成了小鼹鼠，入情入景，并愿意大胆表述，语言表达流畅，且有表情，有动作。幼儿很喜欢模仿和扮演，在情景中把自己当成故事中的人物，在情景中自主体会故事中人物的情感，也大胆表达"自己"的情感。

因此，情景体验是适宜幼儿进行文学欣赏活动的方式，让孩子通过扮演故事中的人物或角色，身临其境，充分与故事中的情景互动，能更多地激发起幼儿的欣赏兴趣，有更多的情感体验。

二、音乐渲染，唤起幼儿积极的情感体验

音乐和文学是相通的，音乐给予人的心灵上的触动是文字所不能及的，音乐能激发幼儿更多的兴趣和关注，有助于幼儿理解文学作品，发挥文学作品中特有的教育价值；且大多数幼儿不认识文字，靠耳朵去听作品，在听的过程中用适宜的音乐可以唤起幼儿的情感共鸣。

1. 让丰富的音乐元素引发幼儿对文学作品的浓厚兴趣

一个文学故事要发挥其内在蕴含的价值，首先需要赢得幼儿的关注和喜爱，图画书中的画面，配合音乐能激发幼儿的兴趣和关注，有助于幼儿理解文学作品，发挥文学作品中特有的艺术审美价值。

如小班文学活动《大妖怪》，选用了优美轻松的音乐《小步舞曲》来让幼儿感受夜晚的神秘和乐趣；在中班文学活动《亲爱的小鱼》中，运用优美的音乐《天空之城》来烘托爱的情感，体验文学作品的美；大班文学活动《傻鹅皮杜妮》，则选择莫扎特的《诙谐曲》来让幼儿感受作品的诙谐和幽默。

2. 让音乐烘托故事的情节，引领幼儿与作品积极互动

幼儿文学作品来源于幼儿的生活，每个情景都有其独特的内容和情感，可以唤起幼儿不同的感受。因此，我们尝试将不同的音乐与文学作品中的情景结合起来，让幼儿在音乐中和文学作品产生积极互动。

如大班文学欣赏活动《会魔法的爸爸》，这是一个关于生命的作品。在欣赏作品过程中，如何让孩子进入故事情节，感受主人公的心情变化，教师运用了不同风格的音乐进行渲染。如当故事第一部分花花猪和爸爸修玩具时选用温馨的音乐《落在淡水的月光》，让孩子们感受爸爸和花花猪之间的爱；当花花猪明白小鸟已经死去再也活不过来时，孩子们在忧伤的音乐中感受花花猪的悲伤，从而体会到生命只有一次的宝贵；当第二天爸爸在埋葬小鸟的地方种下一颗种子时，则选用充满希望的《托赛利亚小夜曲》，让孩子们感受新生命延续的喜悦，因为在埋葬小鸟的地方，开出了一朵美丽的小花，又有新的小鸟飞来，唱着动人的歌，新生命生机盎然，令人感动。这样，通过一段段音乐展现故事情节，使幼儿和作品产生积极互动，体验音乐所带来的各种情感的同时，更体验到文学作品中的内在情感。

选择适宜的音乐，让文学欣赏活动所给予孩子们的不仅是眼睛的享受，更多的是对细节的领悟和心灵的体会。

三、角色浸润，激发幼儿对文学作品的喜爱

在演绎文学作品时，除了具有良好的语言素质、分析文学作品的能力之外，教师的"投入"至关重要。教师应站在孩子的角度去演绎作品、投入感情。教师的语言、语气、语调、肢体动作都是演绎作品的关键。例如作品《牙齿旅行记》是本科学图画书，一颗小白牙被小女孩洋洋吞进了肚子里，于是，一次奇妙的人体之旅开始了。伴随活泼俏皮的故事话语和形象奇特的插图，幼儿了解到人体内部各个消化器官的名称、形状和功能，枯燥的科学知识通过故事来演绎，有趣生动。孩子最感兴趣的就是女巫与各个消化器官之间的对话，"嗨大肠，看见一颗闪闪的小白牙吗？"教师模仿女巫的语气语调演绎对话，激发孩子极大的欣赏兴趣，更多地体验作品带来的趣味性。以幼儿为主体设计活动，投入角色生动的演绎活动，运用充满情感支持的互动语言，就能将幼儿带入文学活动并获得身心的全面发展。

综上所述，在开展幼儿的文学欣赏活动中，教师应关注幼儿的多元体验。通过音乐渲染、角色浸润等途径，让幼儿沉浸在文学欣赏活动中，发挥想象，激发情感，与作品进行交融，真正"走进作品"、"融入作品"、"表现作品"，从而促使幼儿在快乐阅读中得到身心的全面发展。

小猫咪找朋友（小班）

安亭幼儿园　诸佩利

活动目标

1. 理解故事内容，模仿并分辨小猫咪三次叫声的不同含义，感受并表述小猫咪的情绪变化。
2. 尝试关心大人，愿意在大人忙碌的时候自己游戏，寻找快乐。

活动准备

绘本《小猫咪找朋友》，*PPT课件、小猫的叫声录音。

活动过程

一、猜猜谁来了

1. 瞧，这是谁的眼睛呀？
2. 你们一定都见过小猫咪吧，小猫咪是怎么样的？

【设计意图：以一双猫眼引入，引出故事主角，激发幼儿的兴趣。引导幼儿回忆生活经验，并简单描述小猫咪的特征。】

二、感受小猫咪的情绪变化

（一）分段感受、交流故事情节

● 叫声一（撒娇）

1. 奶奶有只小猫咪，喵喵，叫不停，总是喜欢缠着奶奶。奶奶和小猫咪可亲了，天天在一起。

---

* 吴徽芦/文·图，Carole Casner、Feng Yihan/译.小猫咪找朋友.超级宝宝杂志，2008（9）.

2. 听！小猫咪好像在说什么呀？

（带领幼儿学小猫咪的第一次叫声，体验撒娇的感觉，并尝试说说撒娇时的话语。）

● 叫声二（生气）

1. 奶奶说，"小猫咪别叫了，奶奶要给宝宝织毛衣。"小猫咪这回怎么了？它是怎么叫的？好像在说什么？

（带领幼儿学小猫咪的第二次叫声，模仿生气的样子，并想象表述生气时会说的话语。）

2. 奶奶说，"你不要吵，你不要叫，奶奶没空陪你玩，自己去玩吧。"

3. 小猫咪找到了哪个朋友？小猫咪和毛线团在做什么游戏呀？

● 叫声三（求救）

1. 发生什么事情了？小猫咪好像在说什么？

（带领幼儿学小猫咪的第三次叫声，并表述小猫咪求救时可能会说的话。）

2. 小猫咪怎么了？奶奶是怎么解救它的？

（原来小猫咪被毛线缠住了，奶奶一道一道把毛线解开来。）

3. 瞧，小猫咪的哪里露出来了？奶奶怎么做的？会对它说什么？

（奶奶抱起小花猫，轻轻拍拍它的头："你呀，真是个小淘气。"）

【设计意图：在倾听、模仿、比较小猫咪三次不同的叫声中，猜测并表述小猫咪可能在说什么，感受小猫咪的不同情绪。】

- -

（二）完整欣赏

完整感受故事情节，引出故事名字"小猫咪找朋友"

【设计意图：让幼儿再次理解故事的逻辑及故事内容。】

- -

三、情感迁移

1. 你们喜欢这只小猫咪吗？

2. 小猫咪真淘气，但是奶奶还是很喜欢。可奶奶也有忙的时候，就像我们的爸爸妈妈，虽然很喜欢我们的宝宝，但是他们也有忙的时候，有累的时候。他们也希望能够做自己的事情，不被人打扰。这个时候你都会做些什么呢？

3. 是啊，我们可以自己找一些开心的事情，自己玩。

【设计意图：通过故事过渡到幼儿生活中，引导幼儿尝试关心大人，能够在大人忙碌的时

候自己寻找快乐。】

- -

活 动 解 析

　　小猫是幼儿非常熟悉和喜欢的一种小动物,它淘气可爱,喜欢和主人撒娇,有时就连自己的尾巴都能够玩得不亦乐乎。在这个故事中,小猫咪用自己特别的叫声试图引起奶奶的注意,希望奶奶陪它玩耍。但是奶奶很忙,要给宝宝织毛衣。遭到拒绝后,小猫咪虽然生气,但还是自己去找朋友玩,结果发生了有意思的事情。

　　就活动实施维度而言,此绘本可以梳理出两个线索。其一,有趣的情节线索——小猫咪非常依赖奶奶,缠着奶奶做游戏,但是奶奶忙着织毛线,于是,小猫咪只能自己找朋友,它和毛线团做起了游戏,发生了有趣的事情。其二,变化的情感线索——小猫咪的三次叫声,表达了不同的情绪,小猫咪在撒娇、生气、求救时的三种情感。

　　从幼儿的年龄特点来看,小班幼儿年龄小,情绪不稳定,依恋亲人,自我中心倾向明显。他们就像小猫咪一样,喜欢撒娇,对家人非常依赖。可是大人也有忙的时候,有累的时候。此时,小朋友可以做些什么? 怎样的方式是比较好的呢? 面对这些问题,可以借助绘本,通过幼儿的思考、交流,以及老师的启发,引导幼儿关心大人,知道在大人忙碌的时候可以自己游戏,寻找快乐。

　　由此,教师设定了活动开展的三个主要环节。

　　环节一:通过一双猫眼让幼儿猜测可能是哪一只动物来了,激发幼儿的兴趣。

　　环节二:幼儿在老师的引导下了解故事内容,同时通过观察、讨论,分辨三种不同的猫叫声,并能够大胆想象,表述自己对三种猫叫声的理解。

　　环节三:在幼儿理解故事的基础上迁移生活经验。幼儿能够表述当家人在忙碌时自己可以做些什么,在老师的引导下知道自己可以不影响大人,自己寻找快乐。

　　整个活动的设计与实施有以下特点:

　　1. 把握重点,抓住细节

　　执教老师对这个绘本的把握,为了到位,她发现了活动中的一个重要的线索——小猫咪的三次叫声。不同情绪的叫声,表现了小猫咪在表达撒娇、生气、求救三种状态时的情感。因此,在整个活动中,老师将这三次叫声作为活动的重难点。孩子们在老师的引导下,模仿、分辨这三次不同的叫声。尤其在小猫咪第一次的叫声中,当幼儿无法说出"撒娇"这个词时,教师能够不紧不慢地继续引导,并且以"你们平时请求爸爸妈妈带你们出去玩的时候会怎么对他们说呀?"的问题来启发幼儿,通过自己的肢体和表情来引导幼儿感受小猫咪这个叫声的含义。说明老师在细节之处,随机应变的能力在提高。

2. 师幼关系良好,现场互动生动

作为小班老师,与班级幼儿关系亲切,表情自然、亲切。能够在活动中积极引导幼儿,让幼儿大方地表达自己的想法。在这个语言活动中,故事情节生动、有趣,并且很多地方需要幼儿发挥想象,而并不需要老师过多的提醒。师生互动、生生互动比较积极。老师能够运用自己的肢体、表情来引导幼儿思考,并且生动形象地讲述故事,尤其是完整欣赏故事的时候。老师选择了适合的背景轻音乐,配上老师生动的讲述,孩子们听得很认真,都能够非常专注地投入到故事中。

3. 以幼儿发展为本,推幼儿在前

在活动中,老师能够尽量把儿童推在前,每一个问题都给予了幼儿思考的时间,并且关注到全体幼儿。每个幼儿在活动中都进行了发言。不管幼儿说出怎样的答案,老师都能以不同的方式进行回应而且每一次都是以肯定、鼓励为主。

树和喜鹊（大班）

复兴中路第二幼儿园　王立琴

活动目标

1. 观察画面，围绕"树和喜鹊"的话题，用完整、连贯的语句清楚地表达自己的想法和感受。

2. 尝试用散文诗《树和喜鹊》*中的句子进行表述，了解树和喜鹊生活的变化并体会散文诗的优美意境。

活动准备

材料准备：PPT课件。

经验准备：幼儿已经认识并了解一些鸟类的生活习性。

活动过程

一、引起幼儿兴趣，进入活动主题

1. 最近我们一直在聊关于小鸟的事，认识了很多小鸟，还记得有哪些小鸟吗？它们都有什么本领？

【设计意图：共同回忆已有经验，再次唤起幼儿喜爱鸟的情感。】

喜鹊

2. 今天又来了一位小鸟朋友，你们认识它吗？知道它的名字吗？（出示"喜鹊"的图片）

---

* 朱家雄/主编.学前教育教师参考用书：学习活动（5—6岁）（试用本）.上海教育出版社，2008.

3. 在喜鹊身上又会发生什么事和动人的故事呢？让我们一起去看一看，了解一下吧！

二、观察、讨论，了解"树和喜鹊"的变化

（一）观察图一、图二

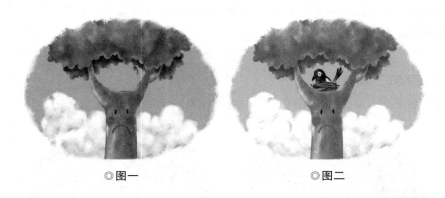

◎图一　　　　　　　◎图二

1. 这棵大树怎么了，为什么会有这个表情？这个表情告诉我们什么？

2. 你们有过孤单的感觉吗？什么时候会感到孤单？

3. 现在不是有喜鹊来陪伴它了吗？为什么大树还不高兴呢？

4. 小结：从前，这里有一棵树。树上只有一个鸟窝，鸟窝里只有一只喜鹊。树很孤单，喜鹊也很孤单。

散文诗的意境美的渲染。另外,对于诗句中的词语的理解,能进一步让幼儿体会到大树和喜鹊的孤单。】

5. 为什么说只有一个鸟窝?"只有"是什么意思?你们有什么好办法帮助大树和喜鹊呢?

【设计意图:开放的提问既给予幼儿广阔的想象空间,又能提升幼儿思维的广度,还能拉近人与自然之间的一种亲近感。】

(二)观察图三、图四

1. 你们想了那么多办法,真的和你们说的一样吗?现在有什么变化?

◎图三   ◎图四

2. 瞧,大树有了树朋友的陪伴,它们怎样了?

【设计意图:运用比较观察的方法捕捉图片的信息,大胆讲述大树的心情。】

3. 喜鹊呢?是不是和大树一样呢?它们在干什么?好像在说些什么呀?

【设计意图:前面大树的变化是通过观察比较来发现,对于喜鹊的变化,教师则借助拟人化的手法,鼓励幼儿猜测喜鹊会说些什么,更具有形象化,也更能真切感受喜鹊心情的变化,为之后感受散文诗打好基础。】

4. 现在有许多大树陪伴喜鹊,喜鹊也每天和大树快乐地生活在一起。那么,它们会做些什么,又会发生什么感人有趣的事呢?

【设计意图:启发幼儿用动作来表现大树与喜鹊之间互相依存的关系,同时也能巧妙地

借助散文诗中的句式引导和鼓励幼儿用自己的语言来想象并表述喜鹊和大树之间发生的新鲜故事。】

过渡：教师用诗歌中的句子边小结边呈现以下表格。

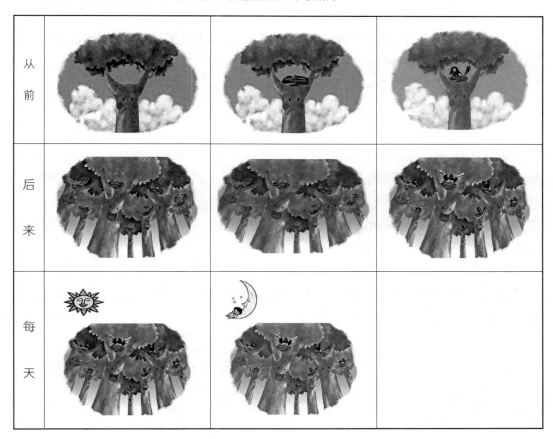

【设计意图：利用表格式的排列方法呈现散文诗的结构，帮助幼儿梳理散文诗的脉络，再一次直观感受散文诗的内容，为仿编散文诗提供参照。】

三、欣赏散文诗，感受意境

1. 配乐欣赏散文，初步感知散文诗内容——原先寂寞的大树和喜鹊现在不再寂寞，大树有了邻居，喜鹊也有了邻居。老师把这件事编成了一个短短的小故事，请你们一起听听好吗？

【设计意图：之前教师没有完整欣赏，只是在小结和过渡中运用散文诗的语句来梳理归

纳,给予幼儿零散的欣赏,但优美的散文诗还是需要完整的欣赏,并且很好地利用音乐的渲染,把散文诗的情趣意境淋漓尽致地传递给幼儿,激发幼儿的情感。】

你们听了故事有什么感受,你们都听到了什么?

【设计意图:欣赏的时候要求幼儿静静地聆听,提高倾听的质量。欣赏后的提问主要是帮助幼儿回忆散文诗的内容。】

---

2. 再次欣赏,引导幼儿一起说。

【设计意图:第二次的完整欣赏建议在音乐的渲染下师幼共同朗诵散文,并且充分利用图示帮助幼儿回忆,并鼓励幼儿跟随着一起念。】

---

3. 树和喜鹊之间每天都在发生着许多动人有趣新鲜的事……除了刚才我们一起说的故事,它们每天还可以做其他的事吗? 能不能试试也编进我们的故事里?

【设计意图:鼓励幼儿能大胆试着把自己想象树和喜鹊的故事也用诗歌的形式进行仿编,请个别幼儿尝试,也可作为后续活动。】

活 动 延 伸

我知道还有很多小朋友想来试一试,我这里还准备了画纸,我们继续再做做玩玩,和图书馆里的朋友们一起说说树和喜鹊的故事吧!

活 动 解 析

儿童散文诗是幼儿园开展文学欣赏活动的重要内容,具有想象丰富、感情真挚、语言天真、意境优美、节奏感强等特点。儿童散文诗的"诗情画意"和"短小精悍"使它成为幼儿园语言教育的重要内容,同时也是教师们既爱又不敢碰的一种文学题材。在散文诗教学的组织与指导中,教师能否采用适宜的方法与策略,将散文诗中蕴含的内在信息传递给幼儿,将直接影响着幼儿对散文诗的理解、体验和感受,以及充分发挥散文诗教学的教育价值。

《树和喜鹊》选自新教材主题活动,是一篇调式重复、意境优美的儿童散文诗。散文诗中树和喜鹊的变化是一直需要我们关注的,它主要表达了树和喜鹊之间一种互相依存的和谐生活的场景,以此引导幼儿如何更好地看待自然界、看待周围美好的生活。

另外,根据大班孩子的年龄特点,他们十分乐意参与诗歌类的文学活动,同时也基于幼儿语言发展的特点,让幼儿在欣赏文学作品的同时感受到诗歌中美的词汇、美的意境,多元地获得学习语言的机会。

于是,选取了大班新教材中的《树和喜鹊》进行散文教学活动,和大家一起分享自己的做法。

一、尝试在自然情景中进行教学

《树和喜鹊》这篇散文诗自然特征明显,构思新颖、语言简练、又比较形象,是幼儿容易理解的作品。散文诗中描述的是自然环境中的树和喜鹊,蕴含着相互依存、和谐共处的美好。为此,我们选择在春季爱鸟周时段进行教学活动,充分发挥自然情景的认知教育功能。活动前,老师有意识地带着幼儿去百鸟园以及附近的公园走走看看,与大树小鸟亲密接触,并聊聊树和小鸟的关系等。使之能对散文诗中美的语言、美的情节、美的角色产生共鸣,以更好地理解其中的寓意。活动中,通过对儿童

散文诗的欣赏和有表情地朗诵,引导幼儿根据诗里的内容画出简单的情节画,进行扩散思维,仿编散文诗等等。

二、运用多媒体手段辅助教学

多媒体技术可以将静态呆板的画面变成动态生动的情景。

本作品描述出树和喜鹊从孤独到快乐幸福的美丽画卷,但凭幼儿的想象或借一幅静态的画面难以达到应有的效果,而运用多媒体技术,配上轻柔舒缓的钢琴曲作为音乐背景,孤独的大树和喜鹊静默着,伴随甜美的角色语言,显示出许多大树和许多喜鹊的热闹。诗情画意的教学情景,吸引了幼儿的注意,幼儿的兴趣被调动起来,幼儿积极主动地把听到、看到的情景

告诉他人。情景交融,有声有色的活动可以让幼儿充分感受到散文诗的意境,感受文学作品的语言美、情景美。此情此景,对启发幼儿想象力、创造力有着重要价值。

三、借助声情并茂的朗诵进行教学

"美文"需要用"美语"来传达,这样才能让听者感受它的美。作品能否引起幼儿的学习兴趣,教师的示范朗诵很重要。由于受生活经验和认知发展水平的限制,幼儿对散文诗的欣赏与创造不能像成人那样直接通过阅读文字来把握,而是要依靠教师声情并茂、形象生动的语言传递来学习。散文诗教学的过程,实际上就是帮助和引导幼儿去欣赏、创造散文诗的过程。在这一过程中,教师对散文诗本身的理解把握情况,以及在具体教学过程中的解说水平会直接影响幼儿的学习效果。

1. 在散文诗教学中,教师首先要找准作品的情感基调,是明快开朗、活泼有趣,还是轻松诙谐、幽默风趣,或是情深意浓、唯美如画。这样才能为教学中情感的准确投入作准备。

2. 在示范朗诵作品时所投入的感情还应是真实充分的,是教师本人在充分理解作品基础上的一种自然流露,而非矫揉造作或随意曲解。教师教学中的真实投入,是帮助幼儿有效地接受散文诗的一种重要方法。散文诗所承载的很多情感信息,往往不是靠教师直接的"告诉"或理性讲解,而更为主要的是,以情激情、以情感人,让幼儿在欣赏的过程中去感悟、体会。

四、以感受欣赏美为目的进行教学

儿童散文诗以优美抒情为主要特征,常常采用精美的词语、动态的描述。例如《秋天的颜色》描绘的色彩美,《树叶》描写的意境美,《春雨》描述的音响美,而《树和喜鹊》则使幼儿能在感受意境美、语言美、情景美的同时,提高对自然美、社会美的敏感性。散文诗中所蕴含的、独特的美育价值是其他体裁的幼儿文学作品所不能替代的,也是它最突出的价值所在。因此,散文诗教学活动的重点应放在充分挖掘作品蕴涵的美的信息,并加以准确解读,帮助幼儿主动去感受,主动去建构自己的审美情趣和审美能力。

开展儿童散文诗教学,一定要明确幼儿对儿童散文诗的学习是以欣赏为主,而非教师的讲解。即使是幼儿对散文诗的创造(朗诵、仿编)活动,也应建立在幼儿对散文诗的充分理解的基础之上。只有这样,才能真正组织好散文诗的教学活动,让儿童散文诗充分发挥其教育价值。

什么让我快乐（大班）

东余杭路幼儿园　马叶佳

活动目标

1. 分辨表情,感受由不同事件引发的各种心情。
2. 了解一些让心情变好的方法。

活动准备

绘本《我为什么快乐》*,PPT课件,"上学第一天"的图片及心情贴若干。

活动过程

（一）猜测心情,引出话题

教师面带笑容,幼儿猜测教师的心情。

● 我现在看起来心情怎么样?

● 你们怎么知道的?

过渡:今天我带来一本关于心情的书,我们一起来看看吧。

【设计意图:当孩子们看着老师面带笑容的脸,似乎也被笑容感染了,非常放松地描述着老师的心情:你的心情很愉快,因为你笑了;我看你笑得像花一样,心情一定超级好;你脸上笑眯眯,你很开心……从孩子们的表述中,老师归纳了表情与心情的关系:原来看一个人的表情就能猜到他的心情。】

---

* （英）安荷特/文,（英）安荷特/绘.我为什么快乐.邢培健/译.新星出版社,2012.

（二）感受心情，比较不同

1. 出示笑的女孩。

● 你们喜欢笑吗？什么会让你笑呢？

● 看看是谁让女孩笑了，他/她是怎么做的？

遇到这样的一些事会让我们开心地笑、快乐地笑、幸福地笑。

2. 出示哭的男孩。

● 这个男孩心情怎么样？你从哪里看出来的？

● 男孩遇到了什么事所以哭了？

不同的心情会让你露出不同的表情。通常，我们开心就会笑，难过就会哭。

3. 其他心情

● 当我们遇到不同的事情时就会有不一样的心情，除了开心、难过，你们是不是有过其他一些心情？

● 图画书里的小朋友也有一些不一样的心情，我们一起来看看！

"吓唬别人"：这些孩子在玩什么？你觉得在前面跑的男孩心情怎么样？

"坐过山车"：坐过山车时心情怎么样？要是让你去玩，你的心情如何？

"开学第一天"：（展示幼儿分组完成的心情贴）说说你的心情怎么样？为什么？

教师小结

面对同一件事情,大家有着不同的心情,你比较喜欢哪些心情?

【设计意图:绘本中无论是笑还是哭的画面都再现了熟悉的生活场景,而老师的小结让幼儿领会到不同的事情呈现出不同层次的含义,同样是笑或哭,以层层深入的方式诠释相同表情背后的不同意味。在观察画面的过程中,幼儿的相关经验也同时被唤醒,让幼儿站在不同的角度去思考、感受。通过比较截然相反的两种心情,来让幼儿明白同样的事情用消极的心情去看时,自己的心情会变得更糟,反之则会快乐起来。正是这些不同的心情表述,生动形象地证明了老师所要传达的观点——面对同一件事,不同的人有不同的心情。】

（三）收集方法,转换心情

1. 当你面对自己不喜欢的心情时,你会做些什么事让自己的心情变好?

2. （播放PPT）图画书里的小朋友也有心情不好的时候,那么最后他们的心情有没有变好呢?

自由自在地歌唱　　　　　　　　瑚瑚跳跳不管方向

有风的天气　　　　　　　　发现一根羽毛,还有……

语言活动这样做 ── **153**

活动 3-3

寻找更多让心情变好的方法,如询问家人,"当你心情不好的时候,你会做些什么让自己的心情变好?"

【设计意图:帮助幼儿提炼生活经验中各种变快乐的方法,使原本属于幼儿个体的经验通过这一环节成为幼儿共同的经验。寻找方法的途径也在这里被拓展,除了从同伴身上获得,还可以借助图书、询问成人等等。作为活动的延伸,把让孩子学习调节心情的任务转化为家园共育的主题。经验是靠时间和实践慢慢积累的,有了方法才可以去尝试,而尝试的结果就可以转化成孩子的新经验,逐步提升解决情绪问题的能力。】

活 动 解 析

我们常常感受到快乐,却很少去深究为什么快乐。绘本《我为什么快乐》用简单可爱的韵文和明亮柔和的水彩画,透过孩子们自己的眼睛,呈现出他们的种种共同情绪。该书借助生动的画面再现生活场景,帮助孩子了解情绪有很多种,并懂得当心情不好时应该主动去寻找让自己快乐起来的方法。

快乐是一种感觉,是一种心情。当它和一件事情或一个具体的情景联系起来,就便于幼儿表述。由于这个绘本选自国外,所以有些画面中的场景对于中国孩子来说是没有经验的,于是教师首先对画面进行了筛选,并根据外显表情主要分成笑和哭两大类,通过让幼儿猜测不同图片中人物的心情,联系自身的经验,对心情产生的原因进行大胆表述,发现快乐的多种方法,从而引发幼儿对自我情绪调节的关注。

整个活动开展下来,我们有以下感受:

1. 幼儿对心情的理解与已有的生活经验紧密相连

所有的孩子都喜欢笑,当他们回忆起那些能让他们笑起来的东西或事情时,如:听笑话会让我笑;看搞笑的电视会让我笑;别人挠我痒痒我就忍不住要笑了……无论是表述的孩子,还是和表述者有着相同体会的

孩子,都自然地流露出了笑容。相对笑而言,孩子并不喜欢去回忆关于哭的经验,当他们看到画面里男孩满是眼泪时,脸上也不经意地褪去了笑容。所以在这一环节对于哭的经验不宜展开,直接观察画面即可。

2. 不同画面传递不同信息

绘本中小女孩看小丑表演、和朋友扮鬼脸、被妈妈挠脚底心的画面再现了充满笑声的生活场景,而老师最后的归纳——遇到这样的一些事会让我们开心地笑、快乐地笑、幸福地笑。这一句很好地传递了不同的事情呈现出不同层次的含义的信息,由看表演时单纯的开心→朋友间的甜蜜友情→母女间亲情的幸福感,同样是笑,却各有意味。而哭的三个画面——被大黄蜂蛰、被秋千甩出去、骑车摔倒,都是让人感到痛的经历,孩子们都遇到过类似的事情,所以对"疼痛会让人哭、让人觉得心里很难过"非常容易理解,不必老师多费口舌。

3. 避免重复,使环节更紧凑

大多数孩子在表述心情时比较偏向高兴、兴奋,不太喜欢难过、害羞,由此可见,孩子们主观上更倾向于好心情。对一些负面的心情,可能是没有调控的把握,所以避之不谈。如果孩子们一下子说不出其他的心情,老师可以预设一些孩子们都熟悉的或近期经历过的生活场景来唤起孩子的心情回忆,以防冷场或无谓的等待。在分组讨论环节,教师主要是巡回指导。这时应该先初步了解一下孩子们选择的心情贴有哪些,哪几种心情选择得比较多,哪几种只有少数甚至一个人选。随后建议相同心情的孩子坐在一起,先请人数最多的那一组中的一名幼儿说说原因,其他幼儿可作补充,这样一来可以避免重复,使交流环节更紧凑。

用爱送你回家（大班）

安亭幼儿园　诸佩利

活 动 目 标

1. 通过欣赏讨论,理解角色的心理、情感,能用完整的语言表达自己的想法。
2. 充分感受并体验故事和生活中"爱"的情感,懂得朋友之间需要相互关心、相互爱护。

活 动 准 备

绘本《用爱送你回家》*,故事 FLASH 动画课件、音乐。

活 动 过 程

一、导入——幸福一家人

1. 今天老师给大家介绍一家人,是幸福的一家人。

2. 为什么说他们是幸福的一家人呢?

【设计意图:这一环节主要介绍幸福的一家:喜宝和爸爸妈妈在一起相亲相爱的画面。让孩子感受到浓浓的爱和家人在一起是最幸福的,为故事后面小长颈鹿思念家人埋下伏笔。】

---

* 用爱送你回家.哈哈画报故事城堡,2007(7).

二、故事欣赏

1. 偶遇相救

这天发生了一件事,我们来看看喜宝看见了什么?谁能完整、清楚地告诉大家呢?

(二张图片依次出现供孩子观察,要求其完整清楚地表述。)

2. 共同生活(以欣赏故事的形式呈现)

可怜的长颈鹿奄奄一息,喜宝一家会怎么做呢?

3. 家庭会议

如果你是喜宝,你会怎么做?

喜宝舍得长颈鹿回家吗?为什么那么不舍得但还愿意送朋友回家呢?

(理解角色小海豹喜宝的心理、情感变化)

4. 护送朋友回家(以欣赏故事的形式呈现)

 小 结

虽然小海豹喜宝舍不得长颈鹿离开,但是它没有大吵大闹,而是那么认真、热心地帮助小长颈鹿。它用自己的爱送朋友回家,它有一颗充满关爱的心。

【设计意图:这个环节,是活动的重点,以观察画面、讨论和分段欣赏作品的形式层层引入,了解故事的情节,感受角色情感发展的过程,从救人的本能到共同生活后的感情,最后到用爱送朋友回家的情感升华,让孩子在过程中感受浓浓的友谊。】

三、完整欣赏

【设计意图：这一环节的设计让孩子在完整地欣赏故事中，感受故事中的关爱，体现文学欣赏的完整性。】

四、文学作品迁移生活

1. 你们喜欢喜宝吗？喜欢喜宝一家吗？

2. 我也很喜欢喜宝。其实我们和喜宝小长颈鹿一样也要分开了，再过几天你们就要上小学，要离开朋友了，你们舍得吗？有没有办法留住这美好的时光呢？

 小 结

孩子们，你们真长大了，想了那么多的办法让朋友记住你！更重要的是，我们要珍惜现在的每一分每一秒，让自己的每一天都快乐，好吗？

【设计意图：第三环节，注重将文学作品回归到孩子的生活中。临近毕业了，引导孩子说说自己的感受，体会朋友间的关心、帮助、爱护与不舍。】

活 动 解 析

一、作品赏析

这是一个"爱"的故事，小海豹喜宝一家幸福地生活在冰原上，小海豹喜宝被宝爸、宝妈的爱浓浓地包围着。正在快乐地滑雪的喜宝，把汪洋之中漂来的那个庞然大物救了起来。喜宝的生活从那一天开始有了变化。小大个儿原来是只非洲来的长颈鹿。它们很快成了最好的朋友。而真正的朋友，不光是在一起玩耍游戏，还需要关心和爱护。喜宝怕小长颈鹿在这冰冷的北极会冻坏，着急地想办法：它把自己最爱的滑雪板改造成了小车，拉着小长颈鹿去爱斯基摩小朋友那儿求助；为自己的好朋友寻来深红色的、暖洋洋的毛线；北极熊奶奶要为小长颈鹿织温暖的毛衣和围巾，喜宝忙前忙后亲自为朋友量裁。你看见图中喜宝亮晶晶的眼睛了吗？能为亲爱的朋友做点事，喜宝心里一定好满足！夜深人静，小长颈鹿会想妈妈，会掉眼泪。最好的朋友多想要永远在一起呀！虽然舍不得，喜宝还是接受了大人们的建议，送小长颈鹿回家，回到有长颈鹿妈妈的温暖的家。

孩子在成长的过程中，也会结识朋友，也会有和故事主角一样的朋友，但是朋友间总有分离的时候，孩子们再过几天就要上小学，也要离开幼儿园的朋友了！孩子们在成长的过程中，也需要友情，学习爱，学会表达爱，是每个孩子在成长过程中所要了解的。《幼儿园教育指导纲要（试行）》中也提出，接触各种富有情趣的作品，大胆想象，用自己喜欢的方式表达感受和体验，理解他人的表达方式，而绘本《用爱送你回家》便是一个让孩子感受与表达情感的良好载体。

二、活动评点

绘本《用爱送你回家》蕴含生动有趣的情节、优美的语言与生动的画面，能让孩子欣赏和感受到成长中的友情与爱。此外，大班幼儿已经能用适当的方式表达自己对他人的关心和情感，据此，教师将该绘本作为载体设计并开展文学欣赏活动。

整个活动充满情趣与情谊。教师将文学作品中特有的感染力与生活进行联接，将整个活动以情感提升为主线，活动过程中始终以"爱"这根主线贯穿，使幼儿在思维碰撞、表达表现中获得整合发展。

1. 重点把握内涵

儿童文学作品教学的设计要注意形散神不散，要努力使幼儿在欣赏文学作品的同时，获得语言、认知、情感、社会性等方面的整合发展。本次活动的目标定位比较恰当，凸显了文学欣赏活动的特质。活动环节的设计也十分合理，能注意层层引入、详略处理得当、重点突出，以观察画面讨论和分段欣赏作品的形式，了解故事的情节，感受角色情感发展的过程，从救人的本能到共同生活后的感情，最后到用爱送朋友回家的情感升华，让孩子在过程中感受浓浓的友情与爱。最后，教师自然地将文学作品回归到幼儿的生活中，孩子们再过几天就要上小学，也要离开幼儿园的朋友了，让孩子说说自己和朋友离别的感受与想法，从而实现由文学作品到现实生活的回归。

2. 方法处理灵活

文学作品的演绎方法可以是感知体验式的，也可以是感知探究式的。本活动中所采用的教学方法则是将两者进行了有效整合。教学中，教师运用了多媒体这一教学手段，使作品内

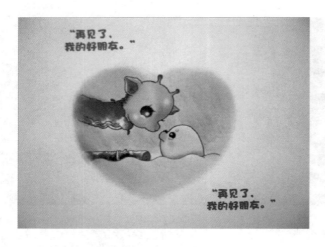

容分段呈现,这样可以使幼儿感知"喜宝为什么那么不舍得小长颈鹿,却还愿意送它回家呢?"的思维,进而又在感知中体验"朋友间要相互关心与爱护"的道理。整个活动较好地满足了大班幼儿对文学作品欣赏、想象、推理与表达的求知欲望。

3. 提问设计巧妙

提问是实现有意义教学的关键。提问设计恰当,能使幼儿主动学习,表现出有兴趣的倾听、积极的思维、热烈的讨论等良好学习状态。整个活动中,教师以"为什么说他们是幸福的一家人呢?""喜宝看见了什么?""喜宝一家会怎么做呢?"等一系列问题,使孩子们在感受作品的同时,逐渐理解朋友之间的爱的美好。

4. 手段整合有效

在文学欣赏活动中,适宜的音乐能唤起幼儿的情感共鸣;生动形象的画面能巩固幼儿的表层记忆;整合实施文学作品教学就是要将教学内容与教学手段、教学形式进行自然有效的整合。本次活动中,教师结合故事情节,在关键处融合了相关音乐片段,以音乐渲染情感,很好地诠释了故事内涵。

5. 现场互动生动

活动过程中的师生互动、生生互动决定着有意义教学是否能够真正实现。本次活动中,教师比较灵活自如地运用了直接互动和间接互动两种方法,使整个教学的目标、重点得以落实和完成。值得肯定的是,教师始终以平等的身份、微笑的脸容、亲切的语言引导着孩子,展现了"无声胜有声"的教学魅力。

树叶信使（大班）

东余杭路幼儿园　段旖旎

活动目标

1. 在看、听、想、做中进行体验,感受作品中美美和大树之间真挚的情感。
2. 能感受童话中的语言、意境与情感,并能较为清楚地表达自己对作品的理解。

活动准备

绘本《树叶信使》*,PPT课件。

活动过程

一、引起兴趣

出示树叶,你看到了什么?

【设计意图:发散性提问,引发孩子们从不同的角度去思考和讲述树叶的不同。例如从颜色、数量、名称上看出树叶的不同。】

过渡:这片树叶从哪儿来,又会给我们带来一个怎样动听的故事呢? 我们一起来听听吧!

二、讲讲、议议故事

（一）讲述第一部分

1. 故事里说的是谁和谁的事情?（明确角色）

---

* 朱家雄/主编.学前教育教师参考用书:学习活动(5—6岁)(试验本).上海教育出版社,2008.

活动 3-5

2. 美美和大树是……? 你从哪里听出来的? (仔细观察,从大树与美美的行为中体验情感。)

【TIPS:教师抓住三个季节的特色,来帮助孩子们梳理情节和内容:春:美美关心大树在春天的生长情况,真是细心;夏:你们和美美一样,都知道夏天的植物枝繁叶茂;秋:听得很仔细,美美很喜欢落叶,她觉得落叶就像地毯一样,在上面玩耍很快乐。】

过渡:美美和大树真是一对形影不离的好朋友,接下来又会发生什么事情呢?

(二) 讲述第二部分

1. 美美要去远方居住,大树的心情怎么样? 为什么? (体会大树的情感。)

【设计意图:教师添加追问,你听到故事里大树的动作了吗? 强化了大树的动作,也是在帮助孩子们体验朋友离别时依依不舍的情感。例如,摇动树枝就像和美美挥手告别,说"再见了亲爱的朋友"。树叶掉落好像大树的眼泪,忍不住掉下来。】

2. 是呀,大树很想念美美,它会怎么做呢?

过渡:大树是不是会用你们说的这些办法呢?

3. 现在知道大树的办法了吗? 快点告诉我! (提示幼儿用故事中完整的语言)

4. 谁能够告诉我,为什么大树每次送上的思念都不一样呢?

追问:除了你们说的和季节有关,还有其他理由吗?

大树开始送一片树叶,到三片、五片,怎么送的树叶越来越多了呢?

教师回应:大树这样做的理由就像你们说的:它在不同季节生长变化不同,还有就是随着美美离开大树的时间愈久,大树对美美的思念也愈浓。

5. 秋去冬来,这时候可能会发生什么事呢?

过渡:会不会是你们想的那样呢?

(三)讲述第三部分

1. 冬天的时候发生了什么事情?

2. 这封信会是谁寄来的呢? 里面会有什么?

3. 打开画卷,大树看到了什么?

过渡:大树看到美美制作的美丽画卷会有怎样的感受呢?

三、完整欣赏

1. 介绍故事名字。谁是信使? 信使做了什么事情呢?

2. 完整欣赏后体会:什么是信使? 故事里树叶信使完成了什么事情?

四、"迁移操作"

过渡:大树和美美分开了,树叶就变成他们俩的信使,把思念带给对方。

1. 还有一个月你们要毕业了,我们就会分开,我也想请一位信使,猜猜我会请什么来做我们之间的信使。

2. 教师示范,毕业照片做信使,带去我对你们的思念。

3. 将故事所表达的美好情感"迁移"给幼儿。

【设计意图：将美美和大树之间的情谊"迁移"到孩子们的身上，利用诸如朋友间的暂时分离、孩子们毕业等契机让其设想一件物品也成为如故事中的信使一般，从而真正理解故事，走进故事的意境，让友谊永驻孩子们的心田。】

活动解析

这是一篇叙述大树与美美之间真挚情感的美丽童话。

大树与美美原本生活在一个院子里，他们常常一起开心地玩耍，就像是一对忘年交，都把对方看成是自己亲爱的伙伴。可是有一天，美美一家要搬走了。女孩不想走，但是最后，还是跟着爸爸妈妈走了。美美走了，大树很伤心，它默默地想念女孩。它请风帮忙，从春天的嫩叶、夏天的绿叶到秋天的红叶，不断地派出信使，去看望女孩……直到又一个冬天来临，大树收到了小鸟送来美美的消息，它才安心，才感觉温暖。因为它知道，它的信使们终于完成了使命，而且正带着自己的思念，在陪伴着女孩。

故事就这样用舒缓的笔触、抒情的手法，慢慢道来，似乎带着些许伤感，但却充满着温情。故事反映出朋友之间的诚挚友谊，渗透着做人做事的道理，而随着故事情节的展开而呈现出的季节更替、树叶变化等，还会使孩子在阅读中自然也体会事物之间的关系以及发展的规律。

从教育的角度解读这个故事，发现：故事讲述了美美和大树之间真挚的情感，能引发孩子们对树叶信使完成大树嘱托行为的关注，从而激发积极的情感、态度与行为。故事中渗透了很多其他领域的知识内容，如四季的变化和轮回、自然界植物的生长过程等等，可以结合大班主题"春夏秋冬"进行，恰到好处！故事中呈现的互相关爱和相互惦记的友情，能够使孩子在体验绘本的过程当中，伴随着故事中主人公的情绪变化而变化，将树叶和小女孩之间的友情投射到自己和朋友之间，以丰富孩子的情感体验，体验真善美，促进孩子社会化的发展。而故事中大树在四季中的变化和带给美美的那些梦幻般的礼物，也能够促进孩子想象能力的发展，激发孩子想要读下去一探究竟的欲望。

由此，我们选择此绘本展开教学，并有了诸多感受。

1. 从幼儿的生活经验中提升

"树叶信使"中融入了较多的认知元素，如每个季节的特色、季节与树叶变化的关系等，且取材于孩子身边。大班的孩子，积累了一定的生活经验，对于周围的事物有直接的感受和经验,加上幼儿园开展的"春夏秋冬"这一主题活动,利用多元的方式呈现四季变化等,使他们的原有经验得到巩固和拓展。因而,本活动的开展有利于从幼儿的生活经验中捕捉教育契机来回应幼儿,使孩子们能结合绘本,将自己对四季的认识和理解进行反馈并得以提升。

2. 从幼儿的个体表现中捕捉教育契机

一个孩子的经验能够引起其他孩子对相关经验的回忆、联想甚至推论,从而产生"一呼百应"、"举一反三"等现象。将幼儿学习的活动与纯粹的预设活动相比较,教师能在幼儿学习的生成活动中更有效地读懂个体幼儿的兴趣、水平与能力。教师则抓住孩子回答中最有特色的,能够引起幼儿共鸣的内容来展开,抓住良好的教育契机。如最后环节教师预设了毕业同学分离的环节,让孩子们展开想象和思维的翅膀,思考什么能够成为朋友们分离之后的信使。有的说图画纸可以画上自己的样子,传给好朋友作信使! 有的说电话是我们的信使,我们可以通过电话来讲话,告诉朋友我很想念你! 有的说日历就是信使,每个节日我都会做上记号,回忆和小朋友们在一起开心的时光! 孩子们不同的回答就是他们个性化的表达表现的最佳呈现方式。

3. 将目标层次化,推动孩子的发展

活动目标中最突出的就是要让孩子们感受作品中美美和大树之间真挚的情感。教师根据孩子们的个体差异,将这个目标分成若干个步骤和层次来达成,分别设计问题。美美和大树是好朋友,你从哪里听出来的? 这一提问的目的让孩子们初步了解美美和大树间的友情。美美去了远方,大树每次送上的思念都不一样呢! 这一提问的目的是让孩子们知道美美和大树间的思念越来越浓。冬天,大树看到美美送来的画卷又会有什么感受呢? 目的在于提升孩子们对友情的理解,通过故事知道还能有"信使"来维系思念和友情! 预设这些提问的目的就在于层层深入、逐步递进。

一只耳朵的兔子（大班）

绿洲幼儿园　陶艳蓉

活动目标

1. 通过观察画面,理解故事内容,知道要勇敢面对自己身上的小缺点,并体验关心朋友以及与朋友相处的快乐。

2. 能够结合相关动词短句讲述故事情节,尝试用较完整的语言加以表达。

活动准备

绘本《一只耳朵的兔子》*,PPT课件。

活动过程

一、激发兴趣,引出主题

◎图一　小兔拉里

1. 我给你们介绍一位朋友,他叫拉里。

出示图一:小兔拉里

2. 提问:它是一只怎么样的兔子?

（拉里是一只特别神气的兔子;我觉得拉里非常的漂亮;拉里是一只帅帅的兔子。）

兔子拉里非常漂亮,尤其是那两只耳朵,直直地立在脑袋上,真帅气。

---

* 安武林/著.一只耳朵的兔子.广东教育出版社,2011.

【设计意图：兴趣是幼儿主动参与活动的关键，开始部分就以一个孩子们喜欢的角色来吸引他们的眼球，并且通过一个提问直接进入主题。】

二、师幼共读，欣赏故事

此环节运用画面观察和提问等方法，对故事进行分段理解。

1. 出示图二

可是有一天，拉里……？（幼儿观察画面。）

我们来看一看到底发生什么事？

哎呀，真让人伤心！那么帅的拉里，现在只有一只耳朵了。

◎图二

2. 出示图三

从此以后拉里怎么了？

（整天待在家里，再也不愿意出门，连小伙伴们找它玩它也不出去。）

猜猜它的心情会怎样？

（现在拉里一定很难过；拉里心里很失落；现在的拉里很自卑；拉里特别伤心；拉里的心情很郁闷。）

◎图三

---

3. 出示图四

讲述故事后提问。

● 讨论：拉里会去帮助朋友吗？为什么？

4. 出示图五

拉里是什么时候去帮助朋友的呢？仔细观察图片，发现细节。

◎图四

◎图五

小 结

虽然拉里丢了一只耳朵心里特别难过、自卑,可是它乐于关心、帮助朋友的好习惯一点儿也没变,真是一只善良的好兔子!

5. 出示图六

- 拉里正在吃早餐,忽然有人敲门,会是谁?（三位小伙伴）
- 它的小伙伴们怎么了?它们为什么这样做?

（小伙伴是故意把耳朵包起来的;小伙伴们想用这个办法安慰拉里;我们现在和你一样,只有一个耳朵了,和我们一起玩吧!它们想鼓励拉里,让它不再伤心、难过。）

【设计意图:此环节可以让幼儿根据自己的生活经验展开讨论,从而真正感受小伙伴对兔子拉里的关爱,这样更能激发幼儿感恩的心,使情感得以升华,也体现活动回归幼儿生活的理念。】

6. 出示图七

- 除了安慰拉里,小伙伴也是来向它道谢的,朋友们怎么知道这些事情是拉里做的呢?

（幼儿猜想、推理。）

- 听听朋友们想对拉里说什么?

◎图六   ◎图七

小 结

如果自己真的有小缺陷千万不要自卑,应该勇敢面对,通过努力可以让自己在别的方面更加出色。就像拉里一样,还是大家喜欢的一个好伙伴。

【设计意图：此环节旨在揭示思想内涵，进行情感教育。教师通过看课件的形式让幼儿完整欣赏故事，有利于幼儿更形象地观察画面，理解故事内涵。同时，引导幼儿去发现本质：小兔子只有一只耳朵伙伴们应不应该取笑它？】

三、生活迁移，学会自信

1. 出示图片（跳绳、午餐）举例说明。

照片上有两个女孩，她们怎么了？想想她们现在的心情会怎样？

2. 假如你是照片上的女孩，你会怎么面对？

（我会努力地改掉自己的缺点，也会让大家看到我有许多优点；虽然我吃饭有点慢，可是我学习很认真、很棒；希望大家能看到我的优点。）

小 结

每个人都有自己的缺点和优点，不要为自己不如别人的地方而难过、自卑，要相信自己是最棒的。

【设计意图：这一环节能充分满足幼儿的活动欲望，让幼儿在轻松的氛围中学习对话，表达自己的理解，给幼儿提供表现和说话的机会，将整个活动推向高潮，最终达到实现活动目标的目的。】

活动解析

一、解读故事，挖掘内涵

《一只耳朵的兔子》是一个极其贴近孩子天性的有趣故事。故事描述小兔子因故失去了一只耳朵而深感自卑，但小伙伴们不仅没有嘲笑小兔子，而且想尽各种办法让小兔子开心起来，于是出现了一幕幕感人的情节。最后小兔子在同伴们的努力下，明白了其中的道理，并用乐观的态度来对待，重新回到好伙伴们中间。故事的情节发展极具创意，从问题→冲突→解决都充满童趣的处理方式。尤其是令人想不到的故事结尾，它不但用巧妙的设计让我们发现了小兔拉里的真诚、善良，更看到了小伙伴们的热情与关爱，使原先感到有点可怜的拉里变得

自信、可爱起来,最终为这个故事的结尾画上了圆满的句号。故事中角色形象鲜明突出,语言表述丰富生动,主流情感展露出同伴间的无限关爱……既能激发幼儿的学习兴趣,又可以拓展孩子的想象力,更能让幼儿在阅读中懂得每个人各有优点,符合大班幼儿的年龄特点和学习特点。

二、环节设计,层层相扣

依据绘本内涵,教师将小兔拉里由"神气→自卑→自信"的一系列变化作为活动的线索贯穿整个活动,尽可能自然连接,引导幼儿随着小兔遇到的事情猜一猜、看一看、说一说,以激发孩子的探索和表达愿望。

设计中教师抓住幼儿的年龄特点,让幼儿在现实的社会中,学习如何让自己的生活充满爱的光芒。整个活动都是以幼儿为主体,层层递进。巧妙地将故事与幼儿的生活融合在一起,如幼儿在开场看到拉里的同时也看到了自信的自己,感受到拉里的小骄傲;而活动结束

时评价自己的朋友,又将读本的内容拉进幼儿的生活,使幼儿更加容易理解。

三、及时回应,有效提问

　　教师在活动中的提问能紧紧围绕故事和故事中的语言展开,比较简洁和儿童化,便于幼儿观察和思考问题,给予幼儿充分想象的空间,也激发了幼儿大胆表达、讲述的愿望。例如提问"拉里会去帮助朋友吗? 为什么?"这样能引领孩子就拉里的个性特征展开想象和表述;而问题"朋友们怎么知道这些事情是拉里做的呢?"又蕴含着推理与猜测等。孩子们在老师的引导下,不仅进行思考和表达,而且也在一个个问题的推进中了解了故事的主要情节。

　　活动中教师对每个幼儿的发言都表示了足够的重视,并做出了及时的回应,在回应中引发孩子的思考,在回应中帮助幼儿提升经验。例如,孩子们在探索故事发展过程中有很多想象,但这样的想象故事里的答案也只有一线之隔,所以老师没有加以干涉,只是用质疑的方式再次把问题留给孩子,如"拉里是什么时候去帮助朋友的呢?""它不是不愿意出门,不想让别人看见吗?"等问题,激发孩子去自主思考,不断调整想法,进行表达。同时教师亦能结合肢体语言投入到活动情景中,帮助幼儿观察理解,引导幼儿感受作品的内涵。

爱心树（大班）

虹口区第三中心幼儿园　奚岚

活动目标

1. 欣赏故事，感受大树和男孩之间不同的"爱"。

2. 在讨论中理解"爱"的含义，愿意从小事做起，实践对爱的理解。

3. 理解和体会词语"孤寂"所表达的情感。

活动准备

绘本《爱心树》*，PPT课件。

活动过程

一、观察绘本封面，想象故事内容

1. 今天老师要和你们一起欣赏一个故事，我们先来看看这本故事书的封面，猜猜讲了什么。

● 你发现封面上有谁？

● 大树和男孩之间会发生什么故事呢？

2.（出示故事名称"爱心树"）这个故事的名字叫做"爱心树"，看来是一个和爱有关的故事。

● 什么是爱呢？

（追问：你们有没有听到过或者看到过关于爱的事情呢？）

● 在这个故事里，小男孩和大树之间会是谁爱谁呢？

---

* （美）谢尔·希尔弗斯坦/文·图.爱心树.傅惟慈/译.南泸出版公司,2013.

【设计意图：该环节主要有两个目的，一是让幼儿结合自己的生活经验描述对爱的初步理解，为下面的辨析作铺垫。二是通过猜测，对故事的内容有所期待。】

二、欣赏故事、了解故事情节

1. （教师完整讲述故事）你听到了什么？

2. 这个故事和我们刚才猜想的一样吗？怎么会不一样呢，我们再来仔细听一听这个故事。

3. 观察绘本PPT，再次欣赏故事。

【设计意图：这个环节主要是通过倾听和观察绘本，了解故事情节。第一遍由教师生动地讲述故事，培养幼儿的注意力和倾听能力。第二遍，让幼儿带着一个问题，边观察绘本PPT，边听故事录音，以便能准确地了解故事内容。】

三、设问讨论，理解故事寓意

1. 大树和孩子是一对好朋友，孩子渐渐长大了，大树常常感到孤寂。什么是"孤寂"？这是一种怎样的感受？

- 什么时候会有这种感觉？
- 你有没有孤寂的时候？

孤寂就是孤单、寂寞。当我们长时间一个人的时候，很无趣，很冷冷清清时，就会觉得孤寂。

2. 你们觉得大树爱男孩吗？从哪里感觉出来？

- 大树为男孩做这些事的时候，它的心里高兴吗？从哪里感觉出来？

（从PPT中的画面表情、老师讲故事时的语气来感受。）

大树非常爱男孩，不仅愿意亲近他，和他一起玩，还为小男孩做了很多很多事情。大树很爱男孩，因为它经常想念男孩，当男孩遇到困难的时候，大树一直帮助他，甚至把自己的果子、树干都给了他。所以，我们都一致认为大树是爱男孩的。

活动 3-7

3. 你们觉得小男孩爱大树吗？为什么？

小 结

对男孩爱不爱大树，小朋友有不同的看法。有的孩子觉得男孩爱大树，因为男孩很喜欢大树，小时候一直和大树在一起玩。有的孩子却认为男孩不爱大树，因为男孩从大树那儿拿去了很多东西，却没有给大树一点儿帮助。那么，男孩究竟爱不爱大树呢？看来这是一个需要讨论的问题。

- 男孩说，我也很爱大树。但是我们有的小朋友说，你没有为大树做过一件有用的事，看起来不像爱大树。那么，如果你是男孩，你会为大树做些什么呢？

小 结

小朋友们说得真好。原来我们可以为大树做那么多事情，可以为它浇水……如果男孩也那样做了，是不是说明他也爱大树了？

小 结

通过讨论，我们知道原来"爱"不仅是喜欢、亲近，还应该为所爱的人做一些事情。就像故事里的大树那样，为自己所爱的人做了许多力所能及的事情。故事里的小男孩看来还没有真正懂得爱。

【设计意图：这一环节是本活动的重点也是难点——理解"爱"的深刻意义。通过讨论故事中的关键字以及层层递进的问题，让孩子发现爱的不同表现，逐步理解："爱"不仅需要说，还需要有具体的行动。】

四、活动延伸

1. 在生活中，有许多爱我们的人，也有许多我们爱的人：爸爸、妈妈、爷爷、奶奶、老师、小朋友等。现在，我们来说说，这些我们所爱的人，他们为我们做过些什么？我们又为他们做过些什么？（准备黑板、小卡片）

（提示说的顺序：你说的是谁？他为你做什么？你为他做什么？）

（出示黑板，根据幼儿的表达，将长辈和幼儿的行为用小卡片分类表示出来。）

2. 观察黑板：看看谁最懂得爱

 小 结

我们小朋友也懂得爱。我们都有自己爱的人，我们爱爸爸、爱妈妈、爱爷爷、爱奶奶、爱老师、爱小朋友。我们也为自己所爱的人做过一些小小的事情，比如为妈妈拿拖鞋……这就是我们对别人的爱！不过，长辈为我们做得更多，看来他们比我们更懂得爱。

3. 创设区角

爱心角：画画自己为所爱的人做的事情。

通过今天的学习，我们知道了爱不仅是喜欢，更是为自己所爱的人去做一些力所能及的事情，这些事情无论大或者小，都表示了你的爱。那么，为自己爱的人我们还可以做些什么呢？

【设计意图：在幼儿初步理解爱的含义的基础上，启发幼儿去回忆自己生活中的真实状况，进一步加深对爱的意义的理解，同时引导幼儿去模仿和实践爱。】

活动解析

《爱心树》选自经典绘本作品之一。该绘本出版三十年来，一直是绘本作品中的著名典范，历久不衰，魅力惊人。故事描写了一个男孩和一棵苹果树之间的故事。作者以简单利落的线条和充满诗意又带有嘲讽幽默的文字，创造了一则令人心醒动容的故事：在施与受之间，也在爱与被爱之间。生动、幽默地描画了生活中"倾情付出"和"只知索取"的两类不同的人。作者的意图是要引起读者们思考：什么是爱？如何去爱？因此，这是一个符合儿童健康发展需要的、具有现实教育意义的绘本故事。

即使是一个孩子，也读得出这是一个关于"爱"的故事。但是对于五岁的孩子来说，他们如何才能真正理解故事中的深刻寓意、如何才能切身体会爱的意义？通过对绘本故事的反复阅读和深入思考，教师找到了教学的切入点：在绘本故事教学中，发现有两种不同的"爱"，辨析什么是真正的"爱"，更重要的是通过教学的延伸，引导孩子们在生活中去模仿和实践"爱"的真谛——爱是应该落实在行动上的。

由此，教师在教学活动中做到了以下几个注重：

1. 注重幼儿倾听与观察能力的发展

为了培养幼儿的倾听力，教师设计了倾听故事的环节。由于故事语言简练、优美，情节感人，以及教师讲述故事时的生动表情，幼儿听故事时很专注，第一遍欣赏就被故事内容所感动，说明已初步听懂了故事。在这个环节，孩子的注意力、倾听能力得到了很好的锻炼和发展。

2. 注重幼儿对文学作品理解能力的提高

为帮助幼儿更好地理解故事的寓意，教学设计了两个环节：

（1）边看绘本PPT，边倾听故事；（2）讨论并理解故事的主题思想。第一环节，幼儿进一步了解了故事内容。第二环节，通过对两个关键词语"孤寂"与"爱"的讨论，让幼儿发现了两种不同的爱，又通过讨论这两种不同的爱，启发幼儿认识到爱不仅是喜欢、亲近，更是表现在行为上的。由此，从内容到关键词语，再到主题思想，一步一步引导幼儿理解文学作品中深刻的主题思想——爱的含义。

3. 注重情感、认知和实践相结合的方法

在教学活动中，幼儿都被大树奉献爱的行为感动得热泪盈眶，也纷纷表示愿意为自己所爱的亲人和朋友做些力所能及的事。但是过了两天，当老师再次提及这个故事的时候，孩子们显然已经有些淡忘了，在老师的提醒和鼓励下，孩子们又燃起了对爱的"热情"，也有孩子开始在生活中实践自己对"爱"的认识。因此，生活中的运用，以及区角活动起到了帮助孩子理解教学内容的作用，使情感、认知和实践相结合，取得了真正的教学效果。这也是对教师最大的挑战。

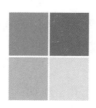

城里最漂亮的巨人（大班）

东余杭路幼儿园　边恒亮

活动目标

1. 理解故事，体验帮助别人的快乐，感知乔治善良、乐观的个性。

2. 愿意和乔治一起在帮助朋友的过程中，根据朋友的需要选择合适的物品，并能用清晰准确的语言来表述。

活动准备

绘本《城里最漂亮的巨人》*，"邋遢"、"漂亮"的字卡、幼儿操作材料（狐狸、小狗、山羊的故事图片以及选用材料的图片）。

活动过程

一、引出人物，激发兴趣

1. 有一个巨人，他很"邋遢"，出示"邋遢"两字。你们知道什么叫"邋遢"吗？

2. 乔治可不想成为城里最邋遢的巨人，那他会想什么办法呢？

3. 讲述故事开头。乔治买了什么？（请幼儿根据图片讲述，加深印象。）

4. 现在你猜他会变得怎么样？

5. 用巨人的话总结，出示"漂亮"两字。

【设计意图：从"邋遢"到"漂亮"，孩子有了第一次感受，此时乔治的漂亮是外在的美，孩子们用了"很神气"、"很帅"等形容词来表述自己的视觉感受。】

---

* （英）朱莉娅·唐纳森/著，阿克塞尔·舍夫勒/图.城里最漂亮的巨人.任溶溶/译.外语教学与研究出版社，2013.

二、展开故事,进行思考选择

● 遇见长颈鹿

1. 巨人得意地往前走,他碰到了长颈鹿,它看上去怎么样?

2. 原来长颈鹿感冒了,巨人会帮助长颈鹿吗? 如果会,他又会怎么做呢?

【设计意图:孩子们在众多的故事熏陶中已经肯定了巨人一定会帮助长颈鹿,那么这里的思考就是请孩子们试着猜测巨人会用哪样物品来帮助长颈鹿,教师可以用前后图片对比的方式来提示孩子:"看看长颈鹿现在有围巾了吗? 它是用什么来作围巾的?"前面我们已经请孩子们讲述过巨人乔治新买的东西,所以孩子们会很快发现长颈鹿的围巾是领带,在这儿还可以加一个问题:为什么乔治要用领带给长颈鹿做围巾? 可以初步提示幼儿对物品选择的合理性考虑。】

3. 用歌曲小结(感受乔治帮助别人的快乐心情)。

● 遇见老鼠一家

1. 巨人高兴地往前走,这次他碰到了谁? 发生了什么事?(幼儿观察图片,理解故事情节,思考并发现问题。)

2. 这次巨人又会用什么来帮助老鼠呢? 你觉得合适吗? 为什么?

【设计意图:物品选择的合理性在这有了一个小的转折,孩子们除了选择物品,还要说出理由,很好地锻炼了幼儿的思辨能力,有的孩子选衬衫做老鼠的小屋,马上就有人反对:"衬衫很薄,一下雨就会被淋湿。"……在一次次的选择之后,大家都同意用皮鞋来做老鼠的小屋,孩子们的理由是:够坚固、形状符合、大小也合适(巨人的鞋很大),在思考、选择、辩论、再决定的过程中达成一致的意见。】

3. 乔治又唱起了歌,这次他会唱什么呢?

4. 帮助梳理,巨人用……给……做什么……为什么他每次都要唱歌呢?

【TIPS:帮助了小动物的巨人很快乐,所以会唱歌,重复感受帮助他人的快乐。】

● 遇见其余三个角色

1. 乔治又碰见了狐狸、山羊和小狗,他们又会碰到什么困难呢? 请你们选择一种小动物到后面的图片中去找答案,看一看、说一说他们到底碰到了什么麻烦? 乔治又会想什么办法去帮助他们呢？请你们帮乔治选一种来帮助他们。（把三个小动物的故事情节图片和可供选择的物品图片（乔治的衬衫、袜子等）分到各个小组。）

【设计意图：把三个动物碰到的困难都摆在了孩子们面前，毫无疑问，乔治还是会很乐意帮助它们，这里的重点是如何周全地考虑到分配给三个动物的物品是否合适，能否解决它们的问题，为什么要这样选择？带着多层次的问题，孩子们开始分组进行。】

2. 幼儿介绍自己的选择并表述理由。

【TIPS：在之后幼儿介绍的环节中，我们看到了孩子的不同选择和理由，有的组选择裤子作为狐狸的睡袋，他们的理由是裤筒和睡袋的形状也很相似，老师认为有没有更适合的呢？另一组的幼儿认为选袜子更合适，因为袜子不仅大小合适，在形状和温暖上比裤子更好，还有的组选择用裤子做小路给小狗过沼泽地，老师把问题抛给幼儿：你们觉得合适吗？选择皮带的小组给予了回应：皮带做小路更合适，又长又硬，不会陷入沼泽地……诸如此类的回应贯穿于整个环节中，能够很好地激发幼儿的思维及表述。教师在总结最后的选择时，可以用简洁好记的话语来总结，如衬衫又大又轻薄，用它做帆正合适……这既是幼儿思辨的过程，也是幼儿锻炼语言表述的好机会。】

3. 用歌谣小结。

4. 这下好了，巨人身上的新服饰都送得差不多了。于是他只能又换上了自己的那套旧袍子，这回他看上去，又……，出示"邋遢"。

三、感悟故事，理解"漂亮"的含义

1. 巨人回到家，发现门口有一个大的礼物盒，会是谁送来的？

2. 里面好像还有一封信，我们来看看信上是怎么说的？（教师朗读小动物们写给乔治的信。)

3. 呈现字卡"漂亮"。引导幼儿回顾巨人从"邋遢→漂亮→邋遢→漂亮"的变化过程,思考:巨人乔治的穿着和故事开始是一样的,还是那双棕黄色的旧凉鞋、那件打补丁的旧袍子,可是为什么大家都说他是"最漂亮"的呢?

【设计意图:孩子们都叫了起来:因为乔治是个好心的巨人,乔治帮助了那么多的小动物,所以大家都很喜欢他,觉得他很漂亮、很善良……在故事的开头,孩子们已经感受过了外在的"漂亮",而到了故事的结尾,虽然孩子们不能用"心灵美也是一种漂亮,内在的美更重要"这种话语来总结,但从他们的回答中,相信他们已经感受到了内心美丽才是真正的漂亮。】

活动解析

一、作品赏析

《城里最漂亮的巨人》说的是城里有一个巨人叫乔治,他整天穿着一双旧凉鞋、一件打补丁的旧袍子,人们都说:这是城里最邋遢的巨人。可是这个最不讲究的巨人为什么又变成"最漂亮"的了呢?带着这个问题,孩子们开始了阅读之旅……

故事中的乔治为了让自己看起来不那么邋遢,去买新衣服了,把自己打扮得漂漂亮亮,变成了城里的一个大帅哥。可是他刚变漂亮,有困难的长颈鹿、山羊、老鼠、狐狸、狗就纷纷出现了!当然啦,乔治也可以什么都不给,因为谁也没有向他要。可是他还是解下领带、脱下衬衫、皮鞋,直到解下皮带,帮助了那些需要帮助的小动物。

巨人在帮助别人时,唱道,"我的领带给受冻的长颈鹿做了围巾,我的衬衫给山羊的小船做了船帆,我的皮鞋给……可是你们瞧瞧我——我还是城里最漂亮的巨人"。他真的愿意帮助人,所以才会这样快乐。一个人,如果真是愿意帮助别人,那么这快乐可能就会是抑制不住的。

此外,故事情节十分流畅:领带给长颈鹿当围巾,衬衫给山羊的小船当船帆,鞋子给老鼠一家当房子,袜子给狐狸当睡袋,而皮带铺在泥泞的地上就变成了一条硬实的小路。这些情节的安排,合适而自然,既合乎动物的特点,又合乎物品的用途,令人感叹作家的匠心独具!

最不讲究的巨人,最爱帮助别人的巨人,最好心眼儿的巨人,最快乐的巨人……因为乔治的这些特质,所以即使他只穿着旧凉鞋、旧袍子,在大家的心目中,同样还是漂亮的巨人!所以,通过阅读这个故事,能够在孩子的心灵深处埋下向善的种子,相信日后会结出真善美的果子。

二、活动评点

1. 运用对比和呼应的方法，引导幼儿感悟角色特质

教师依据作品内涵，在活动中重点围绕情感（帮助别人是快乐的）、认知（根据需要选择合适的物品）展开，引导孩子们通过观察画面和理解故事，感受巨人的个性特质，进而领悟到内心美丽、行为美丽才是最漂亮的人。在活动中，运用呈现字卡"邋遢"与"漂亮"进行对比，理解巨人从"邋遢"到"漂亮"，再到"邋遢"，最后回归"漂亮"的过程，感受漂亮的不同含义。在活动开始和结束时，均以"漂亮"为题眼进行呼应提问，帮助孩子们更好地分析、理解巨人乔治前后两种"漂亮"形象特征的演变。

2. 运用多种呈现方式，帮助幼儿解决认知难点

选择合适的物品是活动中的难点，在处理这些内容上，教师采用了逐个呈现和集中呈现的方法。以逐个呈现的方法，引出将巨人遇到长颈鹿和小老鼠，有利于幼儿依据动物的不同需要有针对性地选择合适的物品，为之后的情节展开提供思维上的支架。以集中呈现的方法引出之后的三个动物（山羊、狐狸与小狗），使幼儿能依据之前的线索自主地为动物选择合适的物品。其重点是如何周全地考虑分配给三个动物的物品是否合适，能否解决它们的问题，为什么要这样选择？带着多层次的问题，孩子们开始分组进行思考并理解"巨人用什么去帮助谁"会更合适？在这个环节中，孩子们积极参与，进行思维碰撞，最后达成共识。

3. 运用绘本中的歌谣，体验快乐情感

故事中，乔治帮助别人时一直用歌谣来表示自己快乐的心情。因此，教师在讲述的同时，鼓励孩子表演乔治帮助别人后高兴的模样和单脚跳的滑稽的样子，体会帮助别人之后的高兴是来自心灵深处的。这也让活动变得更有趣。

会魔法的爸爸（大班）

安亭幼儿园　诸佩利

活动目标

1. 仔细观察画面，理解花花猪初识生命的过程，并能用完整的语言表述自己的想法。

2. 充分感受故事中"爱"的情感，知道生命只有一次，体会生命的珍贵。

活动准备

《会魔法的爸爸》*图书，故事PPT课件，字卡。

活动过程

一、仔细观察封面，激发幼儿欣赏故事的兴趣

重点提问：

1. 今天我带来了一本特别的书，先来看一看封面，你从封面上发现了什么？

2. 什么是"魔法"？ 你们见过有魔法的人吗？

小结过渡

看来，魔法很神奇，有魔法的人一定很了不起，那这个"会魔法的爸爸"到底是个怎么样的爸爸呢？ 让我们一起来看一看这个故事。

---

* 肖定丽/著，朱丹丹/绘.会魔法的爸爸.海燕出版社，2007.

二、阅读绘本

（一）自主阅读

自主阅读玩具布小猪和飞机的故事情节,初步感受爸爸和花花猪之间的爱。

1. 认识故事主人公——花花猪。

2. 自主阅读,要求:

（1）人手一本图书,独自安静观看,轻轻翻页。

（2）看好后将书翻到要交流的那一页。

3. 阅读后集体交流

提问:这个会魔法的爸爸,他的魔法到底是什么呢?

 小 结

这位爸爸真特别,花花猪玩具弄坏了,他不但不生气还用魔法把玩具修好了,花花猪好喜欢、好敬佩爸爸呀。

（二）引导阅读

小小鸟的故事情节,体会花花猪失去小小鸟后的难过心情,知道生命只有一次,感受生命的宝贵。

重点提问:

1. 这次会魔法的爸爸能把小小鸟修好吗? 为什么?（引导孩子仔细观察画面,引发孩子的争论,关注孩子语言表述的完整性。）

2. 为什么爸爸能修好布小猪和飞机,修不好小小鸟了?

小 结

布小猪和玩具飞机都是玩具,坏了,能够想办法修好。小小鸟是有生命的动物,而生命只有一次,死了,就再也活不了了!

【设计意图：通过自主阅读和引导阅读结合的方式充分感受故事中"爱"的情感，理解花花猪初识生命过程中的心情变化，体会生命的珍贵。】

（三）导入结尾

小黄花——感受新生命得到延续的喜悦

重点提问：爸爸丢下一粒种子，会有什么奇迹发生？

 小 结

原来，在埋葬小小鸟的地方，开出了一朵美丽的小花，更多的小鸟飞来唱着动人的歌，新的小生命生机盎然，多么美好。

三、完整欣赏，回归生活，感受生命延续的美好和希望

重点提问：

1. 原来小花也是有生命的，那我们身边还有哪些美好的小生命呢？

2. 听了这个故事，孩子们有什么想法吗？

小 结

我们身边有很多美好的小生命，小花小草都需要我们爱护和照顾！我们自己更是美好的生命，更要保护自己哦。

活动解析

大班幼儿随着年龄的增长，情感的社会性需要不断增多，渴望在文学作品中寻找更丰富的情感体验。绘本《会魔法的爸爸》是一本蕴含深刻感染力的作品，是关于生命只有一次的话题，也许有些沉重，但却是孩子成长的必修课。小小的心灵，在经历了伤痛之后，体验到生命的价值。花花猪弄坏什么都不怕，因为他的爸爸会"魔法"。直到遇见受重伤的小小鸟，才

知道有些事情，比如死亡，谁也无能为力。但故事的最后，会魔法的爸爸在埋葬小鸟的地方种下一颗种子，花花猪在见证种子发芽有新的小鸟在歌唱的时候，感受到生命延续的美好，整个故事充满爱。

活动通过将自主阅读和引导阅读相结合的方式充分感受了故事中"爱"的情感，理解花花猪初识生命过程中的心情变化，将认知与情感聚焦到爸爸能修好玩具布花花猪和飞机，却不能修好小小鸟的过程之中。在观察讨论中，孩子们体会花花猪失去小小鸟后的难过心情，知道生命只有一次，感受生命的宝贵。另外，整个活动过程中把抒情的语言、优美的音乐与美妙的情景联系在一起，把认知和情感结合在一起，更激发了幼儿对爱的一种体验，感受新生命得到延续的喜悦。

金金和蓝点点（大班）

东余杭路幼儿园　陈志芬

活动目标

1. 在看看、说说中感受金金、蓝点点、青藤之间追求童真的过程，体验友情的魅力。
2. 尝试在问题情景中观察、分析画面，较清楚地表达自己的想法。

活动准备

故事绘本。

活动过程

一、自然状态下的自主阅读

1. 幼儿用自己的方式解决"书少人多，如何看书"这一问题？
2. 自主翻阅，猜猜今天我们会一起讲哪个故事？
3. 幼儿自己阅读故事《金金和蓝点点》*，看不明白的地方可以问大家或者老师。

【设计意图：其一，培养解决问题的能力；其二，旨在为小朋友提供翻看的时间和空间，从而满足幼儿好奇的心理与需求——拿到一本里面有3-4个故事的儿童刊物便迫不及待地翻看，教师则在满足兴趣的同时引入主题。其三，创设充足的时间、空间让幼儿自主阅读，老师巡回倾听幼儿的问题，旨在培养大班幼儿自主阅读、同伴合作阅读及质疑的能力。】

---

* 张月/文，钱吟之/图.金金和蓝点点.东方娃娃，2007（3）.

二、问题情景中，重点画面的共同阅读

1. 第一页你从什么地方看出金金和蓝点点之间距离非常远？

2. 第二页画面上有几个稻草人金金？它们一样吗？什么地方不一样？为什么会有不同的表情？

3. 青藤在为稻草人金金传达友情时一共发生了几件事？都有哪些事呢？

4. 为什么稻草人金金的心情变化与青藤生长过程中遇到的问题是一样的？

【设计意图：活动中，教师选择了非常有特色的两页画面，有意创设不同的问题情景，让幼儿带着问题去仔细阅读画面。从画面细节、画与画之间的关系找出答案。如：观察画面左右页稻草人大小的强烈对比，来感受金金和蓝点点的距离感；将四幅长条画面进行类比，观察站在两端的稻草人的表情从惊讶→高兴→期待→无奈→着急的变化，从中体会青藤传达友情的艰难等，从而使孩子在观察中理解内涵。】

三、幼儿思维碰撞后的自主阅读

幼儿再次自主阅读，尝试将故事情节串连起来，变成一个完整的故事。

四、活动后的延伸

- 把绘本放在图书角，让幼儿有机会反复阅读，把故事录下来放在视听角，让能力弱的孩子边翻阅图书边倾听故事。
- 让幼儿把绘本带回家一星期，创设亲子阅读的时间和空间。
- 在表演角提供简单道具，激发幼儿表演故事的兴趣。

【设计意图：每一次的阅读都会给阅读者带来不一样的感受。本环节的设计意在通过幼儿多次不同形式的阅读，体验通过不同视角来观察、理解、想象画面，获得多次阅读给自己带来的快乐，培养喜欢阅读的爱好。】

活动解析

幼儿文学最基本的艺术智慧之一，就是在看似天真简单的故事中隐藏着深邃的意义。故

事《金金和蓝点点》。一共只有5幅画面，描述了站在麦田中不能走动的稻草人金金，虽然有小麻雀、兔子和鼹鼠陪伴，但仍觉得自己很孤单，想要有一个和自己一样的稻草人做朋友。于是嘱托青藤牵线转达自己想要和稻草人蓝点点聊天、做朋友的愿望，其中蕴含的是稻草人金金执着地去追求一种叫作"友情"的爱。整篇故事没有精巧的修饰，没有严谨的逻辑，全然是一种最本真、最自然的爱的感觉和意趣，最终的结局更充满着美好的意境。

之所以选择故事《金金和蓝点点》，是因为此内容非常贴近孩子的生活现状：六个大人围着一个小孩，孩子们的家庭生活就是和老人、爸妈玩耍，很少有时间、有机会与同龄的孩子玩，孩子们和稻草人一样渴望同龄的朋友。而这个故事恰恰非常成功地把孩子内心需求、内心渴望的同龄伙伴、孩子们自己的"友情"进行了透彻的宣泄和演绎，孩子通过重读"自己的"故事来理解"自己"的需要，从中感悟友情的魅力。

另外，此作品把数（大小、距离）、科学（远大近小）、情感（伙伴的友情）及社会性等进行了有机整合，符合大班幼儿的年龄特点。而且，语言优美、精练，画面在写实的基础上融入了情感，能吸引孩子观察，给孩子带来丰富的想象。

教学活动中，教师安排了许多次看似不经意却蕴涵着不同方式、不同目的的由浅入深的阅读，成功地把语言、画面与情感融合，同时抓住故事的情感线，在传递情感的同时把幼儿带进故事之中。每一次的绘本阅读，幼儿对画面、情节的理解、想象所产生的不同的感悟与感动；每一次的绘本阅读，幼儿都会重新理解"自己"，重新解决自己在不同阶段的疑惑，了解自己不同时期的精神需要。幼儿通过多次的阅读慢慢品味，理解意在言外、画中有话的绘本内涵，从中感悟只要不停止、只要努力，一定会得到友情，体验友情的魅力。

附故事：金金和蓝点点（大班）

虽然稻草人金金的身边每天都有田鼠爬来爬去、兔子蹦来蹦去、麻雀飞来飞去，但金金还是觉得孤零零的。它多么想有一个和自己一样的稻草人作朋友呀……

一天，农民在另一块麦田里竖起了一个稻草人——一个穿蓝衣服的稻草人。可它们隔得实在太远了，只能遥遥相望。尽管这样，在金金的眼里，那个远处的蓝点点仍然是世界上最美丽的颜色。

它多希望能和远方的蓝点点聊聊天啊！

有一天，一根顽皮的青藤从金金的脚下爬了出来，朝着蓝点点的方向伸去……

金金马上说："请爬到蓝点点那儿去吧！"青藤爬呀爬呀……有一次，它甚至绕了一个大圈子，就为了看看另一根青藤是不是更漂亮。

一只很饿很饿的兔子蹦过来，吃掉了青藤的尖尖。

"加油啊，青藤！"金金在心里说，"请你快点儿，再快一点儿吧！"

可青藤好像一点也不知道金金有多着急，它只想一边爬一边快乐地玩耍。

这是一根最顽皮的青藤，它总不肯好好地走路。有时候它要停下来歇一会儿，喝两口水；有时候，它用绿须须挠挠痒。

一只馋嘴的鼹鼠从地里钻出来，啃掉了青藤的几片叶子。

终于，就差一点点了。可是……一只身上痒痒的田鼠跑过来，蹭掉了青藤的一块皮。

青藤生气极了，懒洋洋地趴在地上，一动也不肯动了。

金金着急地说："亲爱的青藤，请你快快爬到蓝点点那儿吧，告诉它我非常想念它！"

于是，青藤用力地长出新的枝蔓，把绿绿的叶子伸到蓝点点的耳边。

金金快乐地喊起来："嘿，蓝点点，你好吗？我这儿可美啦！"

过了一会儿，一个好听的声音传到了金金的耳朵里，"我这里也很美啊，有一大片金黄色的蒲公英！"哦，你见过用青藤聊天的稻草人吗？这是一件多么奇妙的事情呀！如果你现在来到这块麦田，也许还能听到它俩在说悄悄话呢。

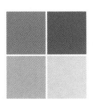

四

活动中的

提问与回应

优化幼儿语言教学活动中的提问

复兴中路第二幼儿园　王立琴

在语言教学活动中,提问是教师与幼儿之间最直接、最常用的一种交流方式。随着《3-6岁儿童学习与发展指南》的贯彻落实,将先进的教育观念落实到教育行为上,给幼儿创设一个想说、敢说、喜欢说且有机会说并能得到积极回应的环境,促使幼儿思维的多样性、独特性和变通性,是幼儿教师承担的重要任务。而激发幼儿的合理猜测、想象推理并清楚表达,则是语言活动的核心。其中,积极有效的提问更是达到活动效果的关键所在。联系教学实践活动,我想就语言教学活动中的提问设计,谈谈自己的想法和做法。

一、方式多样,激发幼儿思维的能动性

在语言活动中,启迪幼儿智慧、引发幼儿思考、助推幼儿的语言表达,关键在于提问的设计。教师提问要目的明确,重点突出,以达到思维和语言的有机整合。为此,我尝试了以下几种设问方式。

1. 能激发想象的问题

教师要善于抓住作品中有利于幼儿想象的因素来提出问题,且提问要有创意,具有开放性,激发幼儿产生联想、展开想象、进行创造,使之能从不同方向、不同角度、不同途径来探索问题的多种可能性,而教师则要采取接纳的态度对幼儿天马行空的表述表示理解,给予接纳的肯定。这样既有利于培养孩子的创造性思维,又使孩子得到内在的满足。

例如小班活动《麻烦的蛋》,教师在介绍故事的名字后,立即提问:"听了这个故事的名字,你觉得故事会和什么有关? 故事里又可能会发生什么事呢?"以引发幼儿依据故事名称中的关键词语——"麻烦"和"蛋"展开联想与猜测,表述自己的想法。

2. 便于换位思考的问题

多运用"如果……,你会用什么好办法?"之类的假设性提问可启发幼儿把自己假想成作品中的人物,用换位思考的方式体验角色的行为和心理。当幼儿的思维有些停滞的时候,可以让孩子换位思考,作出分析和判断,感受"办法总比困难多"的道理,从而发展其思维能力。

例如中班活动《亲爱的小鱼》,教师引导幼儿设身处地地思考:自己心爱的孩子要离开了,猫咪妈妈心里会怎样呢? 如果你是猫咪妈妈,你会怎么做? 你会把它留在身边还是放回大海? 为什么? 以引导幼儿站在猫咪妈妈的角度换位思考,使之理解猫咪妈妈的心情,更对

猫咪妈妈的行为产生敬佩之情。

3. 可引发讨论的问题

在大班活动《大石头》^①中，教师提出，"大力士、科学家、矿工、魔术师、发明家都很神气地来了，你认为谁最有可能搬走这块大石头？为什么呢？"当这样一个需要猜测推理并阐述理由的问题出现后，幼儿就会自然而然地积极开动脑筋，在教师的鼓励下大胆回答并讲述自己的想法，同时启发他们从不同的角度进行思考。可见，这类提问能促进不同发展水平的幼儿进行积极思考，展开讨论，表述更多的可能。

4. 有助于思考的问题

幼儿的学习是一个主动建构的过程，是教师不可能替代但却能够施加影响的过程。所以，教师的问题应能使幼儿通过自己的反复思考，从中获得一些新的经验与认识。例如大班活动《大石头》，教师在故事结局揭晓后提问，"为什么这么多有特殊本领的田鼠都没成功，而田鼠宝宝想的办法却能够成功呢？"这种蕴含比较、假设与分析性的问题，能启发孩子从不同的角度出发，积极开动脑筋展开思考，在分析原因的基础上作出判断。

5. 避单一重开放的问题

单一性的提问往往以"是什么"或选择式的问题为主。对此，孩子并不需要过多的思考就能回答，易造成孩子思维的局限性和片面性，往往导致活动枯燥、乏味，压抑孩子的兴趣和积极性。而开放式的提问，没有现成答案，不受语言和情节的限制，既可为幼儿提供创造性想象和思维的空间，又具有一定的难度，需要幼儿搜寻以往的生活经验，联系实际进行分析、判断、推理，以提高幼儿的思维发展水平，促进其语言表达能力的提高。

以大班《阿布和阿丹》活动为例：

- 图片上你看到了谁？谁能一下子都说出来？
- 为什么不说一句话也会觉得幸福？
- 你觉得阿布还会回来吗？如果他们又见面了可能还会发生些什么事呢？
- 你有什么不一样的想法？
- 在阿丹等待阿布的这段时间里，怎么让阿丹也不寂寞呢？

这一系列开放性的问题，让幼儿从不同角度来思考问题，发展其扩散思维的能力。开放的提问能使幼儿学会从多种角度了解事物、开阔思路，并形成多种答案，在一定程度上增添了活动的情趣，激活了孩子的情感与思路。

二、精读作品，提问前先加强对作品的理解和梳理

语言活动开展之前，对于教材认真细致的解读是一门必修课，正所谓预则立不预则废。

---

① 具体教案参见本书活动4-7:《大石头》(大班)，由复兴中路第二幼儿园王立琴执教。

教师对每个环节的提问设计都是预设的，但不是死板的；是随机的，但不是随意的。所有的问题是经过深思熟虑而产生的，且是经过慎重考虑每个问题的前后顺序和关系而产生的。

例如设计活动《大石头》中的提问时，教师在全面解读作品并分析了其价值之后确立了主线索：大石头带来的麻烦——许多田鼠想办法——特殊本领的田鼠们先后失败——名不见经传的小田鼠想办法——获得成功的喜悦和意外的惊喜。有了清晰明确的主线之后，就开始串联一个一个前后有递进、有关联、有质量的提问，让幼儿跟随着"大石头"开展了一场动脑动口的体验。

三、把握年龄，提问时关注幼儿的个体差异

任何一个活动在设计提问时都要准确把握幼儿的年龄特点，并能根据幼儿的经验水平，由浅入深、从易到难、由粗及细地展开，千万不能违背其客观存在的特点。教师需要沉下心来用"第三只眼"去细心观察每位幼儿，尊重幼儿的发展规律和特点，基于幼儿的发展特点进行设计。因此，教师的提问设计要有层次性，既有简洁扼要、循序渐进的浅显问题；又有能引发积极思维、分析想象的挑战性问题，以满足幼儿的不同需要。

在活动开展中我们不能回避幼儿的个体差异。对于反应较慢的幼儿，教师可将第一层次的问题抛给他们，在语速上适当放慢一些，能让幼儿理解并回答。对反应较快、脾气较急的孩子，可将一些突破常规的问题抛给他们，语调要显得沉稳，促使每个孩子都能深入理解活动内容，在原有水平上，用不同的速度去实现自身的发展。

总之，教有法而无定法，在幼儿的语言教学活动中，只有认真解读、反复推敲并积极实践，在反思中不断调整和改进提问的设计，才能促使孩子的良好发展。

接过孩子抛来的球

——浅谈幼儿文学欣赏活动中的回应策略

安亭幼儿园　诸佩利

一、问题的提出

1. 幼儿文学欣赏与幼儿素质发展有着密切关系

幼儿文学艺术教育包括初步的文学艺术知识与技能、文学欣赏、文学创作等内容。其中，文学欣赏教育是幼儿文学艺术教育的重要方面。《幼儿园教育指导纲要（试行）》中指出：引导幼儿接触优秀的儿童文学作品，使之感受语言的丰富和优美，并通过多种活动帮助幼儿加深对作品的体验和理解。童年的阅读经验往往构成一个人生命的底色。通过对文学作品这一形式的引导，是对儿童灵魂的净化，对其心灵的塑造。因此，对幼儿进行文学欣赏活动，对促进幼儿的发展具有非同一般的意义。

2. 当前幼儿园文学欣赏活动中的主要问题

经文献查阅发现，近几年来幼儿园重视文学欣赏活动，对幼儿文学欣赏活动的选材、组织形式、方法等方面进行了实践与研究，也出现了很多优秀的教学实例。但是，在幼儿文学欣赏活动组织中，教师们虽然有成熟的教案，活动设计与提问都没有问题，但是在活动的现场，文学作品的意境以及作品内涵的展现却总不尽人意，当幼儿对文学作品生成问题时，教师不知如何接过孩子抛来的球，难以进行有效回应。教师与幼儿的互动很单一，回应能力弱。

那如何在文学欣赏活动中进行有效回应呢？《幼儿园教育指导纲要（试行）》指出：关注幼儿在活动中的表现和反应，敏感地察觉他们的需要，及时以适当的方式应答，形成合作探究式的师生互动。换而言之，当幼儿对文学作品生成问题时，教师的有效回应便成为文学欣赏活动能否展开、能否深入、能否解决的关键，教师需分析与回应幼儿的疑问和需要，随时给予幼儿必要的帮助与支持，推动幼儿更有效、更积极地投入文学作品之中，这也正是需要我们去实践和研究的。

二、两次教学后积极互动的达成比较

在研究的过程中，我们在科学观察儿童的基础上，运用行动研究的方法，进行一课三研，不断实践和调整。在反思中我们寻找文学欣赏活动中有效回应的策略。以"我讨厌妈妈"为例,通过前后两次执教的对比,分析什么样的回应是有效回应,如何接过孩子抛来的球。

"我讨厌妈妈"这个文学作品主要讲述了小兔子对妈妈的满腹牢骚:星期天赖床不起让他饿肚子、不准他看动画片、一直催他快点,最令小兔子不满的是,妈妈不愿和他结婚!小兔子气得想离家出走,但终究还是离不开妈妈的爱。这个看似"小题大做"实则温馨的故事,用可爱的童言童语表达出母子间最真挚的情感。书中人物生动的表情与动作很适合中班的孩子。于是我们对活动进行了深入解读和分析,对活动的设计以及每个环节的提问等都进行了仔细斟酌,以"爱"为主线,让孩子欣赏一个爱的故事。

第一次执教(片段):

教师提问	幼儿回答	教师回应	回应策略	回应后幼儿回答
1. 天哪,这里发生了什么事?(浴室)	S:把遥控机洗掉,湿湿的。小兔摔了一跤,妈妈请小兔出去。	小兔做了什么?	追问	S1:小兔把水龙头弄坏了。 S2:肥皂弄到地上了。
		玩具放在水池里合适吗?	追问	S2:玩具放水里会没电的。 S3:玩具会坏的。
2. 你们的妈妈有没有对你们说快点快点呢?	S1:有。 S2:没有。	无		
3. 小兔妈妈为什么说快点快点?	S1:小兔睡过头了。 S2:小兔脚步很慢,走不动了。	快点快点赶去哪里?	追问	S1:小兔样样事情都慢,坐地铁的时候慢,门就关上了。

活动分析:

在第一次执教中,活动并没有达成我们预想的效果,没有真正的将孩子引向"爱"这条主线。从上表中我们可以发现,教师设计的三个关键提问并没有问题,比较适宜,为什么在教学现场师幼互动不积极?分析原因,教师在与幼儿进行互动时,主要运用的是追问的回应策略,虽然幼儿在教师的追问中能继续思考与观察,但不深入,追问浮于表面,孩子对"爱"的理解依旧处于被动的接受状态。如在问题1中教师的追问过多,不够精简,同时也没有围绕教学目标抓住追问的最佳契机。除了追问以外,教师无其他回应策略,回应单一,对于幼儿抛来的球,教师不知如何接?于是针对第一次教学现场的问题,我们对如何积极回应幼儿进行了讨论,并进行第二次尝试。

第二次执教(相同片段):

教师提问	幼儿回答	教师回应	回应策略	追问后幼儿回答
1. 天哪,这里发生了什么事?(浴室)	S1:肥皂泡都在地上。 S2:好多水。	你看得真仔细,是呀,肥皂泡弄了一地,妈妈会担心什么呢?"	1. 支持 2. 追问	S1:会滑倒的。 S2:妈妈怕小兔摔跤。

教 师 提 问	幼 儿 回 答	教 师 回 应	回应策略	追问后幼儿回答
2. 你们的妈妈有没有对你们说快点快点呢？	S1：有。 S2：没有。	你们的妈妈在什么时候跟你说快点快点？	追问	S1：我早上上幼儿园的时候妈妈说快点。 S2：晚上睡觉妈妈叫我快点快点。
3. 为什么妈妈要说快点快点呢？	S1：怕我迟到。 S2：担心我睡的不好，长不高。	我们宝宝真幸福，妈妈总是那么爱我们，小兔妈妈一定也是因为怕小兔迟到才说快点的，你会因为妈妈说快点而讨厌妈妈吗？	提升	S1：不会讨厌妈妈。 S2：我爱妈妈。

活动分析：

从上表我们可以看出，在第二次执教中，孩子在欣赏活动中与教师的互动比较积极。如问题1，在浴室中发生了什么？首先教师进行了适宜的支持，对幼儿观察画面的能力进行了肯定，引发孩子进一步观察的兴趣，另外适宜地追问妈妈会担心什么？让孩子体验到小兔和妈妈之间的爱。

问题2中进行适宜追问"你们的妈妈在什么时候跟你说快点快点？"让幼儿将生活经验与故事中的情节相联系，了解妈妈的催促是有原因的，随即进行反诘式追问，"你会因为妈妈催你而讨厌她吗？"通过追问向幼儿传递一种正面、积极的想法，从而来理解和包容妈妈，感受母子间的"爱"。

问题3，为什么妈妈要说快点呢？幼儿表述的内容是来自生活经验，比较零散，教师很自然地进行了提升：是啊，宝宝真幸福，妈妈总是那么爱我们……

三个开放性提问中，教师能围绕目标进行适时的追问、适宜的调控、恰当的提升以及支持，回应策略较为丰富，能引发幼儿的积极思考与互动，也能凸显文学作品中爱的主旨，有效地达成了教学目标。

三、关于有效回应的几点启示

以上的案例告诉我们什么呢？对于一般的教师来说，这个案例的产生和问题的解决过程有启示意义吗？我们通过不断地实践、反思、调整，对幼儿文学欣赏活动中教师的有效回应策略有了几点经验。通过梳理总结，促进了教师的分析、判断，捕捉文学欣赏活动中有价值的问题，给予幼儿适宜的回应，促进幼儿的有效学习。

1. 回应策略——追问

追问是提问的一种形式，是教育活动过程中师幼间常用的一种交流方式，是联系师幼思维活动的纽带。适宜的追问,可以激发幼儿的学习兴趣,启发幼儿的思维,调动幼儿学习的积极性。

例如在第二次执教那张表中适时追问,"你们的妈妈在什么时候跟你说快点快点?"让幼儿将生活经验与故事中的情节相联系,了解妈妈的催促是有原因的,随即进行反诘式追问,"你会因为妈妈催你而讨厌她吗?"通过追问向幼儿传递一种正面的、积极的想法,从而来理解和包容妈妈,感受母子间的"爱"。随着新纲要的深入实践和推广,幼儿的学习方式、教师的教学方式、教学内容的呈现方式和师幼关系都在发生着变革,传统的师幼关系受到强烈的冲击,在教学活动中既要有教师向幼儿发起的提问,也应有幼儿向教师或同伴发起的提问,这才是真正意义上的互动。所以,传统的提问方式必须赋予新的内涵,而追问无疑是教学活动中激发师幼互动的重要策略。

2. 回应策略——调控

"调控"要求教师因人而异,当孩子由于能力的原因而遇到困难无法进一步发展时,教师要伸出手帮一把。"调控"还要求教师事先从孩子的角度出发,对孩子有可能出现的状况有预设,并做好准备,当孩子出现问题时,能适时地"调控"。例如,教师在扮演妈妈问幼儿:"妈妈你为什么还不起床啊?"当孩子们因为教师一下子转换角色而没有任何反应的时候,教师应分析原因马上进行适宜调控,让幼儿适应角色的转换进行角色情景的扮演。"调控"的方法有很多,需要教师随机应用。

3. 回应策略——提升

幼儿的年龄特点决定了他们思维方式的片面性、从众性。在师幼互动中,幼儿有时表达的语言内容不太准确,有时表达的方式不正确,有时是表达不完整。此时,教师不能漠视或放纵这一现象,而应在尊重幼儿的前提下顺应幼儿的思路,进行提升。例如在片段三中问:为什么妈妈要说快点呢?幼儿表述的内容是来自生活的经验,比较零散,教师很自然地进行了提升:是啊,妈妈总是那么爱我们……提升是教师运用自己的语言或行为对幼儿产生作用的过程,是帮助幼儿梳理经验、丰富知识的有效途径。当然,并不是幼儿所有的语言都需要进行提升,在提升前教师需要有一个价值判断的过程,以尊重、顺应幼儿为先,把握幼儿的真正需要。

4. 回应策略——支持

在师幼互动中,教师要注意经常运用平等、鼓励性的言语,让幼儿的主体性得到充分的体现。平等、鼓励的语言环境能够营造宽松和谐的气氛,能对幼儿的学习产生一种支持的力量。在"你观察得真仔细"等充满支持的回应中引导幼儿充分地参与、大胆地表达自己的观点,体现了主体性。教师对幼儿的评价回应应尽量避免单调重复,在肯定的基础上,给予孩子更多的语言刺激,丰富语言信息。如:当孩子想了一个好办法后,教师改变了以往惯用的回应方式将"真聪明"变为"这是一个既简单又方便的好办法",不但产生了鼓励的作用,同时还丰富了幼儿的词汇。当然,鼓励性的言语不能滥用,要考虑它的适宜性,"真棒"、"真聪明"这些话过多就会产生负面影响。

这样的探索过程为教师在组织文学欣赏活动中有效回应幼儿提供了借鉴。如何在适当的时候以适当的方式给予幼儿适当的回应,是教学获得成功的一个关键性因素。著名教育家蒙台梭利认为:教育的基本问题,不是教什么和学什么的问题,而是建立成人与儿童之间的关系问题。师幼互动也就像师生之间的接球与抛球,需要教师关注幼儿的活动,捕捉其中隐含的教育价值。智慧地接过孩子抛来的球,需要教师不断探索、不断尝试,梳理经验。作为青年幼儿教师,我将继续朝着这一方向不断努力、不断实践和积累。

捉迷藏（小班）

东余杭路幼儿园　蔡晔

活动目标

1. 理解并表述故事中小猪穿衣服颜色与四季变化的匹配关系,感受小猪的可爱与聪明。
2. 尝试运用故事中的新经验进行游戏,进一步体验捉迷藏的乐趣。

活动准备

绘本《捉迷藏》*,故事PPT,与捉迷藏相关游戏的环境创设。

活动过程

一、玩捉迷藏游戏第一次——呈现已有经验

1. 鼓励幼儿在陌生的场地上玩捉迷藏。

提问:怎样才能赢?

● 游戏成功——帮助幼儿梳理,提升已有经验:你刚才是怎么不让老师找到你的?（要躲在大东西后面,躲在暗的地方,躲在凹进去的地方。）

【设计意图:用简洁的语言提出开放性问题,能为幼儿提供清晰的思路,反馈的经验也更有针对性。同时,行动过后将经验说出来,是对幼儿语言表达能力的锻炼。此外,在陌生的场地,让孩子们在游戏情境中真实地展示一次"捉迷藏"的已有经验,既可以让孩子们对活动有个大致的了解,又能让教师对幼儿的已有经验有个大致的评估,做到心中有数,便于活动中更有效互动。】

---

* 分享阅读工作室/编.捉迷藏.北京师范大学音像出版社,2008.

二、感受、理解——捉迷藏新方法的了解

有三只可爱又聪明的小猪,他们用了一个和你们不一样的方法,躲过了大老虎一年的追寻,想知道他们用的是什么好办法吗? 我们一起来听故事。

1. 讲述故事第一、二段,接触作品

● 一年有几个季节呀?

● 春天的时候,小猪是怎样保护自己的?

【设计意图:帮助孩子比较具体直观地理解作品内容。】

- -

● 为什么穿绿色衣服就能保护自己呢?(有关春天这一季节特征的经验交流。)

【设计意图:帮助孩子在"颜色"与"环境"之间搭建平台,建立相关联系,理顺思路。依次将春、夏两季的变化与衣服颜色的相应变化理清线索。】

- -

2. 互动式展开第三、四段

(1)重点关注秋季,猜想小猪的应对办法

● 现在是什么季节呀? 你们猜,小猪会想出什么办法,自己既能想到哪儿就到哪儿,同时又能躲开大老虎呢?

(引导幼儿回忆有关秋天的季节特征,为小猪们选择合适的衣服颜色。)

【设计意图:孩子们在教师的引导下已经充分关注过秋天的季节特征,在作品情节的刺激下,孩子们会在已有的季节经验和作品情境中进行迁移融合,积极为小猪们想办法,选择相应颜色的服饰,躲过大老虎的追寻。】

- -

(2)一年中的最后一个季节是什么? 小猪们又会怎么躲呢?

【设计意图:逐步开放,给予孩子更多与生活相融合的空间,供孩子想象、发散思维、梳理思路,越来越深入地感受到小猪保护自己的方式与环境之间的关系。在活动中,孩子们对于故事的主要经验有了一定的感悟,以至于在活动中,他们会不时蹦出"配套的"、"颜色一样的"、"保护色"这些他们自己对小猪在不同季节调换不同颜色衣服的理解。】

- -

3. 欣赏故事第二遍

重点:关注小猪穿衣服颜色的部分,引导幼儿以填空的方式互动感受,凸显核心经验。

4. 梳理、提升关键经验

● 大老虎糊涂了，为什么一年四季我总也找不到小猪呢？

● 它们到底用的什么办法？

三、捉迷藏第二次——迁移、运用新经验游戏

● 如果我们再玩一次捉迷藏，你能学小猪的方法，不让别人发现你吗？

（请2—3名幼儿尝试，集体感受与体验、运用保护色的经验。）

● 运用经验，集体玩捉迷藏游戏。引导幼儿根据自己衣服颜色选择相应的背景捉迷藏。

活 动 解 析

从《大老虎啊呜》到《捉迷藏》

一个好的文学作品所带给孩子的不仅是一些概念、知识，更是智慧火花的闪烁、有效经验的迁移，而这些，对孩子的成长以及发展更具有效意义。

故事《大老虎啊呜》，说的是大老虎看到肥肥的小猪想要吃掉它，但小猪却能根据季节的变化，通过更换与季节主色调相同色彩的服饰以躲避大老虎的追捕，使笨笨的大老虎总是无法找到小猪。故事情节生动有趣，可以让幼儿在阅读中感受小猪对付大老虎的聪明，以及四季中大自然颜色的神奇变化等。

活动中,教师将整个目标的定位从"依托游戏理解作品"转换成"依托作品更智慧地游戏",从而更符合小班幼儿的年龄特点和学习特点。赋予经典游戏以新视角、新纬度,引导幼儿将小猪的方法运用到经典的捉迷藏游戏之中。在本活动中,呈现的亮点是:

1. 赋予经典游戏以新视角、新纬度

小班幼儿玩"捉迷藏",能知道"要躲在东西后面、里面、下面;不能动也不说话;除了头,屁股和脚也要藏好"等已经颇不容易了。可是这次,通过有趣的作品,孩子们又获得了一种新经验或者说是新方法,"原来寻找和自己衣服相近的颜色躲起来可以让自己更不易被找到呢","让老师同伴找不到自己,成为冠军"的愿望会促使孩子们思考更多的窍门,更聪明地游戏。"如何成功地找到安全的地方躲好?"本活动让孩子有了全新的体验和理解。两次亲身游戏可以帮助孩子形成新的思维模式,增添实践智慧。

2. 注重思维、方法与表述上的提升

幼儿欣赏阅读故事,是纯粹地听故事、学知识?还是应赋予孩子更多内涵的体验与能力的发展?答案当然是后者。为此,本次活动不仅汇集了小班幼儿能够理解的关于四季的色彩信息,更注重的,则是思维和方法上的提升以及语言上的表述。活动中,教师对于幼儿的发展意图并不只停留在"捉迷藏",更是敏锐的洞察力、活跃的思维以及良好的语言表达能力。由于教师的核心指导价值清晰,实际教学中,幼儿的理解到位、体验深刻。

活 动 反 思

整个活动设计巧妙,将经典游戏和文学作品融合,两次亲身游戏可以帮助孩子形成新的思维模式,增添实践智慧。活动中,教师对于幼儿的发展意图并不只停留在"捉迷藏",而是发展幼儿的敏锐的洞察力、活跃的思维。由于教师的核心指导价值清晰,现场幼儿的理解到位、体验深刻。

附故事:

森林里有幢木头房子,里面住着三只小胖猪。

大老虎看见了胖胖的小猪,说:"我要把它们全部吃掉。啊呜……"

三只小猪说:我们一定要想办法躲过大老虎。

春天,山坡上一片绿油油,小猪穿上绿色的衣服。大老虎找不到小猪。

夏天到了,山坡上开满了花,三只小猪穿上了花衣服,大老虎又找不到小猪。

秋天到了,山坡上一片金黄色,小猪穿上了黄衣服,大老虎还是找不到小猪。

冬天到了,山坡上一片白茫茫的,小猪穿上了白色的衣服,大老虎怎么也找不到小猪。

咦?为什么我找了一年都找不到小猪?小猪在哪里呢?

汉堡男孩(小班)

东余杭路幼儿园　王凤晔

活动目标

1. 理解故事内容,感受维尼在变成"汉堡"前后离奇而有趣的故事情节。
2. 初步知道各种食物都有营养,要样样东西都爱吃。

活动准备

绘本《汉堡男孩》*,PPT课件。

活动过程

一、维尼变汉堡

● 今天老师给你们介绍一个新朋友。瞧,他来了!

1. 出示PPT。小朋友们好,我的名字叫维尼(和维尼打打招呼)。

(维尼的耳朵不太灵,能不能声音响一点啊?维尼说小一班的宝宝真热情。)

● 维尼的妈妈给维尼准备了许多营养丰富的东西,看看有些什么啊?

● 我们来看一看,维尼喜欢吃什么?

2. 结合课件演示维尼的选择:胡萝卜,不要吃;土豆,不要吃;青菜,不要吃;苹果,不要吃……维尼嘟囔着说,"哼,我最讨厌吃蔬菜和水果了!"

3. 结合课件演示汉堡飞入。维尼高兴地说:"汉堡,我喜欢,我喜欢,我最最爱吃的就是大汉堡了。"

---

* 艾伦·杜兰/文,松岗芽衣/图.汉堡男孩.蒲蒲兰/译.连环画出版社,2009.

4. 出示维尼吃汉堡的图片

● 我们来看看维尼是怎么吃汉堡的！维尼吃多少汉堡啊？

（是呀，维尼要吃的汉堡叠得像小山那么高。）

一个一个汉堡飞入。一个汉堡，啊呜啊呜；两个汉堡，啊呜啊呜……

● 你们觉得吃那么多汉堡好吗？为什么？吃那么多汉堡会怎么样呢？

（TIPS：会难过，东西吃了多了肚子胀胀的会不舒服；会发胖，汉堡里面的肉肉会让我们的维尼长胖；会生病，生病了就要去看医生，吃药、打针会难受的。）

可是维尼不知道，他天天早饭吃汉堡，中饭吃汉堡，晚饭也吃汉堡。就连妈妈也看不下去了，说："维尼，维尼，你只吃汉堡会对身体不好，你应该样样东西都要吃。"

5. 结果有一天，奇怪的事情发生了，维尼开始变变变……

● 维尼发生了什么奇怪的事情？

维尼天天每顿都吃汉堡，他变成了一个汉堡男孩，变成了谁啊？真像一个超级大汉堡。

● 维尼变成了大汉堡，你觉得他会怎么样？开心吗？

（开心，觉得和别人不一样！不开心，觉得有点胖，胖胖的身体走起路来不方便。）

维尼觉得自己变成了大汉堡很神气，他闻着自己香香的味道，大摇大摆地出去玩了，一边走，香味一边飘。

[设计意图：这一环节主要是引导幼儿通过观察图片，引出维尼不爱吃蔬菜水果、只爱吃汉堡的习惯。通过动画效果，维尼不爱吃蔬菜和爱吃像小山堆一样的汉堡形成鲜明的对比，让幼儿更鲜明地感受到维尼超级喜欢吃汉堡。使幼儿能从维尼的行为投射自身，回归生活经验，说说多吃汉堡会产生的后果。最后维尼变汉堡的动画和音乐交相辉映，充分吸引幼儿的视线，感受故事的有趣。]

二、"汉堡"奇遇记

1. 遇见狗

● 汪汪汪，谁来啦？三只狗追上来，会发生什么事情？

狗狗们闻到了香香的汉堡味，说："大汉堡，吃了你！大汉堡，吃了你！"维尼急忙摆摆手说："别吃我，我不是汉堡，别吃我，我不是汉堡！"

● 维尼说什么？我们一起来学着维尼说一说。

● 角色扮演：老师扮狗，幼儿扮演大汉堡。

2. 遇见牛

维尼害怕地继续往前跑,哞,谁追上来了?

- 你们猜猜牛会对维尼说什么?

维尼抖着身体,说:"别吃我,我不是汉堡,别吃我,我不是汉堡!"

- 请几个孩子单独表演。然后引导:你们都想表演吗? 这一边的孩子做牛,来,把你们的牛角准备好;这一边的孩子做维尼,一起来表演维尼遇见牛的故事。还想玩吗? 那我们交换一次来玩玩。

3. 遇见小朋友

维尼继续往前跑,看到自己的好朋友,维尼刚想松一口气,可是朋友们张大嘴巴,举起手,大叫起来:"吃了你,大汉堡;吃了你,大汉堡!"

- 为什么好朋友也要吃维尼呢?

原来维尼变成大汉堡,小朋友认不出他的样子了。

【设计意图:这一环节主要是以跟随维尼变汉堡时发生的奇遇为主线,引导幼儿学习对话"大汉堡,吃了你。""别吃我,我不是汉堡。"三次的学习是具有层次和递进性的。第一次以老师引导幼儿模仿为主,第二、三次则让更多的幼儿分角色来表演。此环节是让幼儿在动静交替中体会维尼害怕的心情,培养他们初步的情景表演能力和语言模仿能力。】

三、汉堡变维尼

就这样,小朋友追着维尼跑,牛儿追着维尼跑,狗儿追着维尼跑,嘴里喊着要吃掉巨型大汉堡,可怜的维尼还是被追到了。维尼被大家放到了桌子上,准备美餐一顿。瞧,他的眼泪止不住地往下流。

- 这个时候维尼的心里会怎么想呢?(难过、伤心、后悔……)

是啊,维尼后悔极了,他想当初要是听妈妈的话就好了。

- 妈妈的话是怎么说的?(引导幼儿回忆妈妈一开始劝维尼的话。)

就在维尼后悔的时候,妈妈来了。她说:"别吃他,别吃他,他不是汉堡,他不是汉堡。"

● 妈妈把维尼带回了家。维尼很想变回原来的样子,有什么办法呢?

瞧,现在的维尼吃蔬菜、水果了,他样样东西都爱吃。

● 我们一起和维尼来唱首歌。

律动《样样东西都爱吃》

【设计意图:最后这一环节展现了出乎意料的结尾。引导幼儿一起来帮助维尼解决问题:怎样才能变瘦?再次回归生活,得出"少吃汉堡,多吃蔬菜多运动"等结论。最后一个律动环节,让幼儿在熟悉的音乐下再次巩固要样样东西都爱吃的理由:多吃鱼变聪明,多吃饭会长高,多吃肉会长壮……在歌曲中愉快地结束活动。】

活 动 解 析

《汉堡男孩》是一本充满童趣的绘本。讲述了一个叫维尼的小男孩,不喜欢吃蔬菜水果,只喜欢吃大大的汉堡。结果有一天,自己变成了一个"汉堡男孩",并展开了一系列惊险有趣的故事。之所以选择这个绘本,是因为小班的孩子会挑食或者偏食。而戏剧化的故事情节,能使孩子们有兴趣投入其中,跟随绘本情节的发展,自然地感受到样样东西都爱吃的道理。

活动中,教师依据小班幼儿的年龄特点,运用了以下方法,促使目标的达成。

一、夸张的动画特效

故事《汉堡男孩》,既有幽默有趣的情节,也有夸张诙谐的人物。活动中,教师比较成功地抓住了小班幼儿的年龄特点,用夸张的动画特效吸引了孩子们的注意,从中感受并理解维尼只爱吃汉堡导致最终变汉堡的过程。同时,夸张的动画呈现,也为维尼变汉堡的情节进行许多呼应,使孩子们被故事吸引,仿佛身临其境,在情景中感受到绘本的"趣"。

二、真切的过程体验

对于绘本蕴含的"意义",即故事的道理,教师并没有直接地告诉孩子。而是更多地注重他们在过程中的感受和体验。例如,用动画直观呈现维尼不喜欢吃蔬菜,只爱吃汉堡的过程;再如,运用紧张的音乐烘托,加强孩子对维尼变成的"汉堡"被小狗、牛、伙伴们追赶时的慌张体验等,使孩子从中强烈地体会到只吃汉堡的不可行。最后当教师提问:如何帮助维尼变瘦？孩子们都能讲出妈妈说的话，"要样样东西都爱吃"。

虽然对于挑食和偏食的概念，小班的幼儿还是十分容易混淆。但是活动中，教师通过有趣的情节、生动夸张的动画，以及吸引幼儿参与的表演环节等，使幼儿通过感受与体验，具体形象地加以理解，从而有效达成目标。

三、形象的介质加入

结合自己班级的孩子十分活跃的特点，活动最后，教师引入巧虎中的一小段歌曲内容——《样样东西都爱吃》。歌曲中告诉孩子们要不挑食，多吃米饭有力气，多吃鱼儿会聪明……让孩子明白每样食物其实都有着它固有的作用。从而在唱唱跳跳中，将绘本内涵进一步拓展、放大。

拔萝卜（小班）

东余杭路幼儿园　蔡晔

活动目标

1. 在情境中理解并讲述故事《新拔萝卜》的不同顺序，体验故事中的热闹开心。
2. 感受和发现生活中的不同序列，产生兴趣。

活动准备

绘本《拔萝卜》*，萝卜一个，人物角色图片，PPT课件，猕猴桃一个，小刀一把。

活动过程

一、看萝卜，说顺序，讲故事

1.（出示大萝卜）这是什么？看见萝卜你想到了哪个故事？

【设计意图：用实物"大萝卜"引发小班幼儿参与活动的兴趣，并引导关注"故事"名称与故事内容的关系。】

2. 回忆故事的名字、人物出现的顺序，边讲述边依次出现人物图片，共同讲述故事。

谁先来的？接着呢？第三个？……

【设计意图：此环节既再现了"第一次拔萝卜"的故事情境，孩子们自然地融入角色，讲述了角色间的对话，又将"顺序"凸显了出来，为之后排队顺序的变化埋下了伏笔。】

---

* （俄）阿·托尔斯泰/原著，杨永青/画.拔萝卜.贵州人民出版社，2013.

二、看人物,猜顺序,编故事

1. 播放PPT,讲述拔第二个萝卜的故事

提问:这一次,会是谁先来拔萝卜呢?

幼儿猜测,鼓励幼儿大声说。

【设计意图:既然是第二次拔萝卜,那么故事中的任何一个角色都可能成为第一个发现萝卜的那一个。孩子们开始大胆地发表自己的看法"还是老爷爷"、"老奶奶"、"小猫"、"小狗"。答案不唯一,孩子们大胆讲述。】

2. 师生情景对话,讲述新的拔萝卜顺序

【设计意图:这一次,老师边操作图片,边讲述第一、第二个出场的角色——小老鼠、小猫,到第三个出场角色的时候,孩子们已经能够根据之前的变化推断出"小狗"的角色了。由此,第二次拔萝卜的全部队列完整呈现。】

3. 讨论:第二次拔萝卜和第一次一样吗?

教 师 小 结

原来排的队伍——倒过来了。

【设计意图:两次排队的"队列"对比呈现,引导孩子关注不同,关注变化的现象,感受"不一样"的队伍。活动中,许多孩子感受到了变化,但还不会归纳,只是将人物出场的顺序依次讲述。教师及时的支持性小结,让孩子明了"原来是倒过来啦"。简单的一句话可以替代一大串角色名字,在模仿中他们感受到了语言的精炼带来的好处。】

三、看图片,说名字,长见识

1. 故事情境提问:如果有第三个萝卜,谁会先来拔呢? 又会排什么样的队伍呢? (鼓励幼儿大声说。)

教 师 小 结

第一个换了，后面排的队伍都会不一样呢！

【设计意图：既然前两次"拔萝卜"的队伍不一样，那么还会有什么不一样的队伍顺序呢？教师用简洁的语言提出了较为开放性的问题，孩子们说的愿望被激发了。此环节还旨在打破孩子们的"固化"思维，感受"队列"的多种可能。】

----

2. 图片欣赏，了解生活中更多的"排队"之美。

【设计意图：孩子们边看边自由"配音"，讲述着图片所呈现的内容——花儿的花瓣、栏杆、楼梯、香蕉、蜡笔，原来它们也都排着队。】

你们平时排队吗？可以怎么排？生活当中还有许多有趣的东西也会排队呢！（看PPT或视频。）

【设计意图：生活中也有许多的"排队"现象呢！由此，孩子们对生活中的"排队"现象充满兴趣——牙齿排队的、公共汽车站的大巴士排队的、马路旁边的树排队的……】

----

3. 猜猜这么好看的队伍是谁排的？（猕猴桃）
出示猕猴桃的横切面照片，实物验证，共同分享，孩子们在愉快的感受中结束活动。

【设计意图：猜猜、看看、吃吃，孩子们多通道地接收关于"排队队列"的信息，又在小班孩子最喜欢的"吃"中得到情绪、情感上的持续满足。】

活 动 解 析

《拔萝卜》是经典的儿童文学作品，而《二次拔萝卜》这个故事在原作的基础上加入了一年四季轮转的元素，且在拔萝卜"角色"的顺序上倒了个头，有变化但又挑战适度，非常适合小班幼儿在情境中体验，在情境中模仿并学习语言表述。

除了经典的故事情境，让孩子们感受排列的顺序并发现顺序的变化所带来的乐趣，以及感受生活中更多的多彩序列更是这个活动的主流价值所在。综合以上想法，最终呈现了以"看萝卜，说顺序，讲故事——看人物，猜顺序，编故事——找顺序，二猜顺序，排排队"为主要过程的活动。

　　活动中借助图片的转移、故事情境表演，呈现视频、音乐，让孩子们在情境中重复熟悉的故事对话，大胆假设不同的排队顺序，大声表述自己的主张，接收生活中不同的"排队"现象，感受"排队"的美和乐趣。相对于文学绘本的固定式呈现，或许是一次新的借鉴和尝试。

早餐吃什么（小班）

复兴中路第二幼儿园　王立琴

活动目标

1. 乐意模仿故事中的重复对话,初步了解不同动物所喜欢的食物。

2. 知道吃早餐的重要性,合理配置营养的早餐,养成爱吃早餐的好习惯。

活动准备

物质准备:创设动物吃早餐的情景、食物和托盘等。

已有经验:基本知道自己平时吃的早餐的名称。

活动过程

一、创设熊猫宝宝上幼儿园的情景,引起兴趣

1. 早晨,太阳公公出来啦! 它是谁?

（引出熊猫宝宝,鼓励小班幼儿主动、自然地和熊猫宝宝打招呼。）

熊猫宝宝也和平时一样起床,妈妈对它说:"宝宝,快来吃早餐吧!"

熊猫宝宝摇摇头说:"不嘛,我不吃早餐,我去幼儿园!"

2. 刚才熊猫宝宝说什么? 你们听到了吗?

（培养幼儿倾听的习惯,鼓励幼儿大胆说出刚才听的语句,进行模仿。）

说完熊猫宝宝就出门了,一路上它遇到很多动物朋友,我们一起去看看吧!

（创设熊猫宝宝上幼儿园的情景,拉近与幼儿的距离,吸引幼儿的注意。）

二、观察并猜测动物喜欢吃的早餐

1. 猜想遇到的第一个动物朋友

提问：熊猫宝宝走啊走，遇见了长耳朵的朋友，是谁呀？

（从动物的特征出发，引发幼儿的猜想。）

熊猫宝宝说："小兔，我们去上幼儿园吧！"小兔说："不不不，我要去吃早餐，吃完早餐上幼儿园！"

提问：小兔子刚才怎么说的，谁听清楚了吗？

（第一次倾听故事中的重复对话，关注幼儿的倾听，继而鼓励幼儿学说。）

2. 猜测小兔喜欢的早餐

提问：

（1）猜猜小兔早餐喜欢吃什么？

（是胡萝卜；是青菜吧；可能是小草……）

（2）你们说的都是小兔子喜欢的早餐，那么今天兔妈妈给小兔准备的是什么呢？

【设计意图：小兔喜欢的食物很多，例如胡萝卜、青菜、蘑菇等，都可以让幼儿去猜想。教师不急于否定或肯定，而是引导幼儿去验证，兔妈妈今天为小兔准备的是什么，以满足幼儿的好奇心。】

- -

呈现答案：小兔喜欢的早餐是什么呢？（胡萝卜）

引导学说：小兔早餐吃胡萝卜，啊呜啊呜真好吃。

【设计意图：故事中的句式简单有趣，可鼓励幼儿模仿学说，习得相关句式。当然，此时教师的示范要清楚，让幼儿边做动作边跟读，加深理解与记忆。】

- -

3. 猜测肉骨头是谁喜欢的早餐

【设计意图：从之前的猜食物转向猜测动物，教师此举在于引导幼儿更换角度思考问题。】

- -

学说：小狗早餐吃骨头，啊呜啊呜，真好吃。

（活动中再次强调重复句式。）

4. 猜测青草是谁喜欢的早餐

提问：

（1）大盘子里放了很多东西，这是什么呀？（青草）

（2）是怎样的青草？看上去怎么样？（嫩嫩的、新鲜的、绿绿的……）

（3）说得真好,这么新鲜、嫩嫩绿绿的青草是谁最喜欢吃的早餐呢? 还有谁也喜欢吃青草呢?

【设计意图: 青草是好多动物爱吃的食物。因此,上述问题可以引发幼儿的多种猜测。教师则顺水推舟,引导幼儿充分想象与表达。活动中,呈现出以下状态。】

幼儿:小马喜欢吃。

教师马上肯定:有可能。并带领幼儿边做动作边学说,“小马早餐吃青草,啊呜啊呜真好吃。”

幼儿:梅花鹿。

教师:是的,梅花鹿也喜欢吃青草。同时出示梅花鹿引导表达,“梅花鹿早餐吃青草,啊呜啊呜,真好吃。”

教师:除了小马和梅花鹿还有吗?

幼儿:小牛、小羊……

教师:是呀,我们把小羊和小牛都请出来好吗?

边请出小牛小羊边模仿表达:

小牛早餐吃青草,啊呜啊呜,真好吃。

小羊早餐吃青草,啊呜啊呜,真好吃。

多元的思维发散能引发幼儿将情境与已有认知经验建立联系,而重复的短句则让孩子在多次的倾听与反复学说中逐渐习得。

5. 熊猫走着走着就头晕晕、眼花花的,没力气,这是怎么回事呢?

听了小朋友们的话,熊猫会怎么做呢? 熊猫也坐下来吃早餐,它的早餐又会是什么呢?

熊猫早餐吃竹子,啊呜啊呜,真好吃。

6. 动物朋友们每天都吃早餐,它们问:小朋友们,你们每天都吃早餐吗? 小朋友你们喜欢吃什么早餐呢?

【设计意图: 此环节旨在让幼儿回归自身,将动物吃早餐的经历与自己生活建立联系,回忆自己平时都吃早餐了吗? 吃的又是什么? 】

7. 你们刚才说了那么多早餐,怎样才是一份营养的早餐呢? 怎么样的早餐才能让自己长得更高更健康。一份营养早餐应该有哪些食物?

（引出保健医生的科学道理,让小班幼儿对早餐有一个初步的了解。）

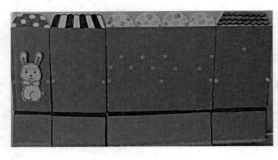 

三、孩子自主挑选喜欢的早餐

1. 介绍自助餐厅里的早餐内容

今天我们就一起来选自己喜欢又有营养的早餐。我们先一起看看,在自助餐厅里都有哪些早餐?

(投放幼儿平时熟悉并经常吃的早餐图片,供幼儿指认和选取。)

2. 教师指导,幼儿自由选取,分享交流

3. 请保健老师说说营养早餐是怎样搭配的,拓展幼儿的经验

【设计意图:根据幼儿选择的早餐,进行分享交流,从而和幼儿一起养成每天吃早餐的好习惯,同时初步了解早餐该如何搭配。】

- -

活 动 延 伸

- -

在生活区中投放幼儿喜欢的各种食物图片,让幼儿自主搭配营养的早餐。

活 动 解 析

幼儿语言能力培养的关键是创设一个自由宽松的语言环境。幼儿语言能力的发展来源于语言教学活动以及日常生活中的交流对话。小班幼儿语言的开掘、发展、提高,应在语言教学活动中更多地给予语言实践。这是提高幼儿语言能力的必要条件。下面就以活动《早餐吃什么》为例:

一、把握幼儿语言发展规律,精心改编故事

教师在设计活动前首先仔细解读原著教材《早餐,你喜欢吃什么》*,并以小班幼儿喜欢的动物为切入点,改编图画书中的故事情节。

图画书的原著是:早餐,如果你喜欢吃鱼,你就是一只猫。如果你喜欢吃白萝卜,你就是一只兔子……

我根据小班幼儿的年龄特点进行了适当选取,改编成了一则具有情景的小故事:

> 一大清早太阳刚刚露出笑脸,熊猫宝宝就起床了。熊猫妈妈说:"熊猫宝宝,快来吃早餐。""不不不,我不吃早餐,我要上幼儿园。"说完,熊猫宝宝就出门了。一路上它遇到很多朋友。
>
> 熊猫宝宝往前走,先遇到了小兔,熊猫宝宝说:"小兔,和我一起上幼儿园吧!""不不不,我要吃早餐,吃完早餐上幼儿园。"小兔早餐吃胡萝卜,啊呜啊呜真好吃。
>
> 熊猫宝宝继续往前走,遇到了小狗,熊猫宝宝说:"小狗,和我一起上幼儿园吧!""不不不,我要吃早餐,吃完早餐上幼儿园。"小狗早餐吃骨头,啊呜啊呜真好吃。
>
> 熊猫宝宝继续往前走,遇到了小羊(小鹿、小马、小牛、小象),熊猫宝宝说:"小羊,和我一起上幼儿园吧!""不不不,我要吃早餐,吃完早餐上幼儿园。"小羊早餐吃青草,啊呜啊呜真好吃。
>
> 就在这个时候,熊猫宝宝走着走着发现自己头晕眼花,浑身没力气,动物朋友们都对熊猫宝宝说:"快来和我们一起吃早餐吧!"熊猫宝宝马上说:"好的好的,我要吃早餐,吃完早餐上幼儿园。"熊猫早餐吃竹子,啊呜啊呜真好吃。
>
> 小朋友,你们早餐吃什么呢?

对故事的改编是基于小班幼儿学习语言的特点:

1. 赋予情景

故事中创设了动物上幼儿园的情景,将原先单一的故事赋予与幼儿生活经验相似的情景,让幼儿有身临其境之感。且选取的故事角色亦是幼儿熟悉并能激发幼儿模仿兴趣的。

2. 简短重复

改编的故事注重了小班幼儿学习语言的特点,篇幅短小,内容浅显易懂、富有童趣,语句多为重复。比如故事中重复出现的:小兔早餐吃胡萝卜,啊呜啊呜真好吃。小狗早餐吃骨头,啊呜啊呜真好吃。小羊早餐吃青草,啊呜啊呜真好吃。熊猫早餐吃竹子,啊呜啊呜真好

---

* 殷秀华、邵殷杰/文,周翔/图.早餐,你喜欢吃什么?.东方娃娃,2008(9).

吃。此外,句式统一,内容变化不大且富有情境性,朗朗上口,十分便于幼儿模仿学习。

3. 故事中的对话等语句的多次重复出现,使得幼儿能在反复倾听中习得语言,拓展词汇量,促使其表述的完整性。同时,重复的句式和可爱的象声词,深受幼儿的喜爱。"××,和我一起上幼儿园吧!""不不不,我要吃早餐,吃完早餐上幼儿园。"

二、基于幼儿的认知经验,精心选取故事角色

故事中动物角色的确立也是一门学问,如果选择的动物都是幼儿认识了解的,可能过于简单,没有挑战,幼儿不愿说;如果选择都是幼儿不熟悉的动物,又违背了幼儿的认知发展水平,远离幼儿的经验又会无话可说。因此,选择的动物既要保底又要有"跳一跳够得到的感觉",以满足幼儿的个体差异,使得幼儿在已有的认知经验基础上进行大胆讲述。

其一,选取小兔、小狗、熊猫是基于三个动物都是特征明显,且具有代表性的动物;而且三个动物喜好的食物也是幼儿熟悉和了解的。在活动中幼儿能说出动物的名称、喜欢的食物,并习得故事的句式。"小兔早餐吃萝卜,啊呜啊呜真好吃。"

其二,确定羊、马、牛、鹿、大象等食草类动物时,则更多从拓展幼儿的认知经验的角度考虑,促进幼儿逆向思维和发散性思维的发展。从"一个动物对应一种食物"的一般思维模式转换到"一种食物对应不同的动物",拓展幼儿的认知经验。

其三,最后出现的是小朋友,意在让故事和孩子的实际生活之间建立起有机联系,从故事中的动物回归到小朋友,从动物每天都吃早餐的好习惯逐渐过渡到小朋友也应养成吃早餐的习惯。

三、立足幼儿的年龄特点,创设语言教学情景与教具

很多优秀的素材不是拿来就能用上,都要经过教师的慎重思考,并根据教学的需要进行加工才能真正挖掘语言活动的价值。在反复阅读此图画书且多次执教小班的经验之上,我发现小班幼儿很喜欢在情景中一同参与活动,因此,抓住情景化这一特点进行了设计与加工。活动中教具设计成了一个亮点,教师精心设计并制作了适宜小班幼儿猜想的教具,伴随着翻翻、猜猜、讲讲、看看等过程,充分调动幼儿的感官和思维,让小班幼儿在和熊猫宝宝一路上幼儿园的过程中,自然地走进动物吃早餐的情景,拉近了故事与幼儿间的距离,吸引了幼儿的注意力,增强了教师与幼儿之间、幼儿与幼儿之间的互动,为活动中幼儿习得语言和大胆讲述提供有力支撑,为活动的有效开展提供保障。

我们身体里的洞（中班）

安亭幼儿园　诸佩利

活动目标

1. 观察并发现我们身体里的洞洞,了解洞洞的秘密,乐意完整表述自己的发现和感受。
2. 体会探索发现身体秘密的乐趣,有继续探索的愿望。

活动准备

物质准备:PPT,绘本《我们身体里的洞》*等。

已有经验:幼儿对自己的身体有初步的了解。

活动过程

一、"生活中的洞"

出示一个洞洞、两个洞洞的画面,从画面中观察生活中的洞,为寻找身体里的洞作铺垫。

提问:这是什么呢?（下水道、门洞、插座的洞洞等。）

小结

一个洞洞是下水道,两个洞洞是门洞哦! 这些都是我们生活中看到过的洞,很有用的哦。

【设计意图:这个环节,鼓励幼儿大胆进行联想、猜测答案。在这一过程中激发孩子的兴趣,并且锻炼幼儿的多样思维。】

---

* （韩）许思美/著,（韩）李惠利/绘.我们身体里的洞.陈爱丽/译.浙江教育出版社,2011.

活动 4-5

过渡：那我们身上有没有一个或两个洞洞呢？（引发幼儿观察身体里的洞洞。）

二、"身体里的洞"

通过观察画面，探索发现身体中的洞的秘密，并用完整的语言表述。

（一）发现同伴身体里的秘密，并用语言完整表述。

1. 两两结对探索发现：

我们身上一个洞洞的是什么？两个洞洞的是什么呢？找一个好朋友一起找一找，找到了一起来分享哦。

2. 交流讨论发现——将孩子的发现用板书进行梳理。

【设计意图：《3-6岁儿童学习与发展指南》中关于中班幼儿的探究能力有一条目标是：能用图画或者其他符号进行记录。因此，这个环节让孩子通过同伴间的相互观察，发现并记录身体里的洞洞，让幼儿的观察更具目的性。】

- -

（二）观察画面，发现并了解洞洞的秘密，乐意完整表述自己的发现和感受。

那我们身体里的这些洞洞有什么本领呢？

1. "会呼吸的洞"——鼻子

提问：鼻子的两个洞有什么作用呢？

- 闻味道：神秘的瓶子（各种味道，例如香水、风油精、醋。）
- 呼吸：鼻子这个洞洞还有一个大本领哦——体验呼吸的感觉和重要。

吸进空气，呼出空气，好舒服！

- -

小 结

原来我们鼻子的这两个洞作用可大了，即能呼吸又能闻味道，谁也离不开哦。

- -

2. 发出美妙声音的洞——嘴巴

- 享受美味的洞洞——样样东西都爱吃的哦。
- 除了吃以外，嘴巴这个洞还有别的作用吗？（发出美妙的声音。）

小 结

嘴巴是享受美味的洞洞，又是发出美妙声音的洞洞。

3. 看世界的洞——眼睛

提问：眼睛有什么大本领呢？

游戏：大家来找茬（通过游戏让幼儿感受眼睛的大本领）。

小 结

眼睛是看世界、发现秘密的洞洞。

4. 听声音的洞——耳朵

提问：耳朵这个洞洞是一个什么样的洞洞呢？

倾听游戏：听辨三种不同的声音（鸟鸣、蛙叫、门铃声）。

小 结

耳朵是能听到各种美妙的声音的洞洞。

【设计意图：这个环节和幼儿一起观察画面并讨论洞洞的本领，以游戏化的形式让幼儿感受趣味性。重点关注幼儿尝试能够用比较完整的语言进行表述。】

5.完整阅读绘本，将身体里的洞洞用统一的句式进行表述。

> 图画书的名字叫《我们身体里的洞》
> 我们身体里的洞洞真多啊，
> 鼻子是用来闻气味的洞洞，
> 嘴巴是用来尝美味的洞洞，
> 耳朵是用来听声音的洞洞，
> 眼睛是用来看世界的洞洞，
> 我们身体里的洞洞要做的事情都不一样，都非常重要哦！
> 我们身体里的洞洞真是了不起！

三、"堵住的洞洞"

留下疑问，激发幼儿进一步探索的兴趣：

1. 听说我们身体上还有一个洞，是堵住的一个洞，这是怎么回事呢？
2. 我们把这本书放在图书区，我们再去找找我们身体里的洞洞，还有很多秘密哦。

活 动 解 析

中班的孩子们对自己的身体既熟悉又陌生。随着年龄的增长，他们对自己的身体也产生了一系列的问题，有了探究的欲望。科学绘本《我们身体里的洞》，引导幼儿了解我们身体里的洞，体会与同伴共同探索发现身体秘密的乐趣，并愿意进一步探索自己的身体。中班幼儿在探索活动中，对感兴趣的事物喜欢看一看、闻一闻、摸一摸、试一试。通过体验式的探索，发现身体里的秘密，能让幼儿感到兴奋和满足。

针对幼儿的年龄特点，为给予孩子们更多的空间和时间去自主探索、体验发现，教师在活动中设计了以下三个环节。

第一环节：从猜测生活中的洞引发孩子的兴趣，为寻找身体里的洞作铺垫。

第二环节：通过观察画面，探索并发现身体中有趣的洞的秘密，并能用完整的语言表述。

第三环节：呈现堵住的洞洞。留下疑问，激发幼儿进一步探索的兴趣。

整个活动在实施中有以下亮点：

1. 把握幼儿的年龄特点

活动中教师让幼儿以体验探索、自主阅读的形式去探索身体里的洞。比较恰当地把握了幼儿的年龄特点，大大激发了幼儿探索的乐趣和欲望。从而在探索过程中不知不觉地就把活动推向了高潮。

2. 恰当运用多媒体

教学中，老师运用了多媒体辅助教学。在孩子们自主探索的过程中加入了音效、游戏等设计，让活动趣味性大大增强。

3. 巧妙设计提问

教学有意义与否，和提问设计息息相关。活动中的提问简洁明了。如：鼻子的这两个洞有什么作用呢？这个洞有什么特别的地方吗？身边的声音耳朵能听到，那远远的声音耳朵能听到吗？这样直截了当又具有开放性的问题能引导幼儿展开探索，也进一步引发了幼儿的探索兴趣。

秋天的雨（大班）

松江永丰幼儿园　何慧丽

活动目标

1. 欣赏散文诗内容，从颜色、气味等角度多方位感受秋天的明显特征。
2. 对秋天有经验和感受，了解秋天与人们的生活密切相关。

活动准备

散文诗《秋天的雨》*相配套的 FLASH 课件，配乐录音。

活动过程

一、听听秋天下雨的声音，引起幼儿的欣赏兴趣

提问：你刚才听到的是什么声音？猜猜这是什么季节的雨声？为什么不是夏天的雨声呢？

二、欣赏散文诗，感受作品的美

1. 教师播放配乐散文诗的前半部分

（1）秋天的雨是什么样子的？它有哪些颜色？

（2）为什么说它把黄色给了银杏，红色给了枫树……

（3）这么多美丽的颜色呀，如果用一个好听的词语来形容你会怎么说？（五彩缤纷）秋天的雨用五彩缤纷的颜色装点着我们的世界，让它变得更美丽了。

2. 播放散文诗的第二部分

提问：是什么散发出这些好闻的味道？还有别的吗？你在哪里闻到过呀？

为什么小朋友的脚都被勾住了呢？你的脚被勾住过吗？被什么勾住的？

---

* 陶金鸿/著.秋天的雨(人教版语文教科书·三年级上).人民教育出版社,2015.

3. 播放散文的第三部分

提问：秋天的雨又变成了小喇叭，它在说什么呢？

猜猜看它会告诉哪些小动物冬天就要来临了？为什么？它要为过冬准备些什么吗？让幼儿在音乐声中扮演这些小动物。

【设计意图：从文学欣赏的角度，从相信每个幼儿脑中都会有个不同的秋天出发。活动开始，教师先让幼儿倾听配乐散文诗，并结合散文诗提出一些回忆性、究因性、拓展性的问题。这不仅可帮助幼儿关注散文诗中所提供的各类信息，使幼儿闻其声、临其境，而且还能促使幼儿结合自身经验发挥想象，在脑海中产生不同的秋天景象，从而激发幼儿的兴趣，激活幼儿的思维，帮助他们进一步理解和分析散文诗的内容。】

三、播放 FLASH 课件，完整感受作品

（该课件呈现了散文诗中秋天的美丽景象。随着音乐，屏幕上出现了一片片树林。枫叶似火，天高云淡，飘摇而落的树叶似彩蝶飞舞；一朵朵菊花争相绽放；硕果累累的果园红一片，橙一片，黄一片。优美的画面配上教师生动的语言描述，激发了孩子们美好的情感，将幼儿完全引入文学作品的意境之中，他们纷纷露出向往的表情，时不时发出惊叹：哇！多美呀！）

欣赏后提问：

1. 散文诗里说秋天的雨是怎样的？你最喜欢散文诗里的哪些话？

2. 为什么说秋天的雨带给大地的是一曲丰收的歌，带给小朋友的是一首快乐的歌呢？

3. 秋天的雨像彩色的颜料，秋天的雨有香喷喷的味道，秋天的雨像小喇叭，你觉得秋天的雨还是怎样的呢？为什么？

【设计意图：由于前几个环节的铺垫，幼儿对秋天的雨有了更深的感受、更多的想象，从而能从多个维度表述秋天的雨。但也有个别幼儿提出：雨是透明的，为什么散文诗说它有颜色呢？对这个问题，教师选择了回避。】

四、提供多种材料，引导表达表现

原来秋天的雨有五彩缤纷的颜色，有香香的气味，还有好听的声音，你喜欢秋天的雨吗？能不能把自己的感受表现出来呢？

【设计意图：提供颜料、画笔、色纸、小乐器等，让幼儿自主选择，用各种形式表现心中的秋天。】

活动解析

就幼儿的学习而言,以文学作品为载体而开展的文学活动,具有跨学科的意义,因为好的作品常常整合了多领域的知识,蕴含了自然、社会等丰富内容。本篇散文则从三方面带领孩子们走进秋天,感受秋天的季节特征。其一,从视觉出发,形象地呈现出秋天里田野、树林中各种各样的颜色;其二,从嗅觉出发,生动地表述了秋天里成熟的食物,如糖炒栗子、烤红薯、苹果、生梨等散发着的诱人香味;其三,从秋冬交替的规律出发,又形象地讲述了动植物过冬的方式、行为变化等。阅读这篇散文,不仅可以使孩子们了解散文诗中所呈现的一些秋天与人们生活的关系,在脑海中建立起一个关于秋天的立体的、多元的印象。而且更大的价值在于通过活动,激发幼儿对周围习以为常的环境(季节变化等)和事物(相关信息)的关注以及探究行为。

为了帮助幼儿更好地理解作品中现象的本质特征与内在联系,教师从以下方面进行了一些有益的尝试:

1. 利用媒体,视听结合,以调动感官,感受意境

依据散文诗内容,教师精心制作了FLASH课件,在幼儿倾听的基础上,呈现散文诗所表达的画面意境,以调动幼儿的视听通道,更为具体形象地感知理解。

2. 提供实物,摸闻结合,以激发兴趣,加深体验

在引导幼儿讨论:是什么散发出这些好闻的味道?为什么小朋友的脚都被勾住了呢?你的脚被勾住过吗?被什么勾住的?在讨论这些问题后,教师适时地出示了一个装有实物的小包,让小朋友闻一闻、猜一猜里面装了什么?有效地激活了幼儿的兴趣,使之在主动积极、有兴趣的参与中更为生动直接地体验、感知秋天的"味道"。

3. 创设情景,提问质疑,以引发思维、提升经验

活动中,教师从问题出发,不断提出回忆性的问题,以激发幼儿的兴趣,促其集中注意力关注散文诗所提供的各类相关信息;提出辨析性的问题,引发孩子的思考、挑战幼儿的经验;提出拓展性的问题,给予孩子想象的空间,使师幼、幼幼在讨论交流中,思维得以激活、情感有所升华,从而促进幼儿经验的整合与提升。

4. 提供材料,引导表现,以激励探索,促进迁移

活动的最后环节,教师提供了多种材料,如铝板琴等乐器、颜料、图片等。让幼儿自主探索,将自己对秋天特征的体验通过动手操作加以表达与表现,不仅在迁移过程中进一步内化经验,而且使他们再探索的愿望与行为得以延续与发展。

当活动进行到后半部分时,有个别幼儿提出:雨是透明的,为什么散文诗说它有颜色呢?对这个问题,教师选择了回避。我们感到,对于大班的幼儿来说,他们明白秋天的雨实际

上是没有颜色的,但是散文诗却是对事物现象进行了艺术加工。枫叶变红、银杏叶子变黄、菊花变成淡紫的白色的金黄色都是因为秋天的季节变化引起的,所以真正多彩的应该是秋天。此时,幼儿已能隐约感受到现象与本质间存在着某种联系,但是在文学的虚拟性与生活的真实性方面产生了认知冲突。那么,教师又该如何回应呢?我们的想法是:

首先,抓住契机,加深幼儿对作品的理解。当孩子提出疑问时,教师可进一步提问:现实中的秋雨是什么颜色的?散文诗里的枫树、田野、水果、菊花究竟为什么变了颜色?真的是被雨淋出来的吗?真正原因是什么呢?通过提问帮助幼儿加深对作品的理解。

其次,循循善诱,引发幼儿对作品的思考。学会思考,对一个人成长极为重要。在幼儿时期,我们就要培养孩子独立思考的能力。但是孩子们的思考离不开教师的提问与引导,"既然我们知道了秋雨实际上是透明的,那么散文诗为什么还要把它描绘成一盆五彩缤纷的颜料呢?"对于这个问题,教师不必在一次活动中勉强解决。尊重孩子的思考,给予孩子思考的权利与空间,以激发幼儿的想象,拓展他们的思维。

附散文诗:《秋天的雨》

秋天的雨,滴答滴答地唱着歌。

秋天的雨,是五彩缤纷的颜料。

它把黄色给了银杏,红色给了枫树,金黄色给了田野,橙红色给了水果,还把紫红的、淡黄的、雪白的……都给了菊花仙子。

秋天的雨,有非常好闻的气味!不信啊,你闻:菠萝、生梨、烤山芋、糖炒栗子……小朋友的脚呀,常常被那香味勾住。

秋天的雨,有一只金色的小喇叭,它告诉大家,冬天就要到了。常绿树穿上了厚厚的衣裳,落叶树的树叶飘呀飘,飘到大树妈妈的脚下。小动物们都准备过冬了。

秋天的雨,带给大地的是一曲丰收的歌,带给小朋友的是一首快乐的歌。

秋天的雨,滴答滴答唱着歌。

大石头（大班）

复兴中路第二幼儿园　王立琴

活动目标

1. 理解故事内容，了解不同工作和职业的特殊本领，体会齐心协力团结合作的道理。
2. 根据画面线索大胆推理猜想，清楚表达自己的想法。

活动准备

材料准备：PPT课件，图片若干。

经验准备：已开展"我们的城市"主题，对不同的职业有初步的了解。

活动过程

一、设置悬念，引起兴趣

1. 倾听音效，引发猜想：一个静悄悄的夜晚，有一块又大又圆的东西轰隆隆地朝田鼠村庄滚了过来，这会是什么呢？这可能是什么？

【设计意图：课件中插入音效，引发幼儿通过倾听大胆猜测是什么物体来到了田鼠村，自然而然地参与到"可能是……大概是……"的猜测活动中。这样的导入吸引了幼儿，激发了幼儿的探究欲望，让幼儿在活动开始前就感受到了乐趣。】

2. 出示图片：大石头正好滚进了田鼠们准备造游泳池的大洞里，这下可怎么办呀？你们有什么好办法？

【设计意图：连续的提问和追问能鼓励幼儿为这突如其来的事情想办法，促使幼儿合理

地展开推理,同时也能帮助老师了解幼儿已有的生活经验,为后续的互动交流讨论提供有力的支持与保障。】

二、展开故事剧情,合理猜想并推理情节

(一)许多田鼠想办法

1. 看图猜测:这件事情可不得了,立刻在田鼠村里传得沸沸扬扬,许多田鼠都赶来了,有哪些田鼠赶来了,它们又是做什么工作的? 你能从这些图片中猜出来吗?

【设计意图:借助多媒体,鼓励幼儿通过细致的观察,捕捉图片中的关键信息,为幼儿根据画面线索提供想象思考的空间,将图片中的信息与田鼠们的工作建立联系,并通过课件的动画效果进行验证,及时满足大班幼儿对答案的渴求。活动中,依据画面积极展开师幼互动。】

幼儿:最后一张是做灯泡的。

教师:做灯泡的? 你怎么发现的? 从哪里看出来的?

幼儿:我发现图片中有一个灯。

教师:这个灯泡和他的工作会有什么关系? 他到底是做什么工作的呢?

幼儿:我知道,他是发明灯泡的。

教师:是的。知道他是谁吗? 你能叫出这位了不起的发明家的名字吗?其实他很有名很了不起,我们的爸爸妈妈爷爷奶奶都知道他……

幼儿:是爱迪生。

教师:爱迪生有什么本领,他发明了什么?

幼儿:他发明了灯泡,我听爸爸说过。

教师：对，我们现在教室里的灯泡就是这位聪明的老爷爷——爱迪生发明的。所以他是一位？

幼儿：发明家。

2. 推测交流：大力士、科学家、矿工、魔术师、发明家都很神气地来了，你认为谁最有可能搬走这块大石头？为什么呢？

【设计意图：幼儿了解了那么多不同工作、不同职业后，教师引导他们基于自身立场，各自表述谁最有可能搬走大石头。可以各抒己见，大胆地思考与表达。在教师的引导下，幼儿纷纷表达自己的想法：我觉得大力士最有可能，因为他力气无比大；矿工用凿子把大石头敲成小石头就可以搬走了；我想是魔法师，他只要变个魔法就好了；我认为是发明家，因为他可以研制出搬走石头的药水……】

3. 教师：刚才认为大力士的人数最多，也有小朋友认为是魔术师、科学家……到底他们想了什么办法呢？这些办法都藏在了图片里，我们一起来仔细看看田鼠们分别想了什么办法来搬走大石头？

幼儿人手一张图片并仔细观察：图片中的田鼠想的是什么办法？他的办法成功了吗？如果你看好了也看懂了，可以和旁边的朋友轻声地说说。

【设计意图：让幼儿以个体为单位观察单幅图片，首先是为了让幼儿细致地观察画面并理解画面所传递的意义；其次与前一个环节大胆推测产生有机联系；同时也使得在交流过程中幼儿的个体经验与集体经验能更好地交融碰撞。】

4. 转折提问：这么多有特殊本领的田鼠都没有获得成功，大家都为这块大石头愁眉苦脸，伤透脑筋。就在这个时候，谁站了出来？（出示小田鼠图片）它又想了一个什么办法呢？

【设计意图：一个转折性的问题引发幼儿的继续观察和思考猜测，起到了承上启下的作用。与此同时，相应图片的辅助呈现也让幼儿更能有根据的推理。】

（二）小田鼠的办法

1. 小田鼠想到了什么好办法？

2. 你认为小田鼠的办法会不会获得成功？

3. 为什么这么多有特殊本领的田鼠都没成功，而小田鼠的办法却能够成功呢？

【设计意图：幼儿看了选取的图片很震撼，那么多田鼠合作齐心协力感染了幼儿。幼儿和教师可以通过不同的肢体动作、情景语言，真切感受大家团结一致搬动大石头的场面。】

原来一个人的力量很有限。我们经常会碰到一个人做不了或者很难完成的事情，这就需要大家合作，一起来完成。

三、体会合作重要性，感受意外收获

1. 在田鼠们的齐心协力下终于搬走了大石头。瞧！田鼠们在干什么呢？
2. 当大家发现一起搬起来的不是大石头，而是大面包时，大家的心情怎么样？

【设计意图：故事的结尾富有情趣性，牢牢地抓住了幼儿的情绪。这块大石头原来是一个大面包，这个意外让孩子们雀跃不已，不仅体会到了齐心协力的成功，同时也感受到了故事的趣味。】

故事里的田鼠们想了很多办法，最后还是大家一起搬走大石头并获得了意外收获。生活中我们也会碰到像田鼠村一样的事。那么，是不是也可以学学小田鼠的好办法呢？

活动 4-7

活动解析

一、背景思考

绘本《大石头》*是一个韩国作家写的故事,故事的主线围绕着大石头的出现而展开:大石头带来的麻烦→田鼠们各显神通想搬走大石头,但均告失败→一只名不见经传的小田鼠想出了好办法→搬走大石头后的意外收获。其中,既有对科学家、矿工、魔术师、发明家等一些职业的具体认知,又有对"只有齐心协力,才能更好地解决问题"这一道理的形象诠释。能促使幼儿带着问题去阅读理解,感悟其中的道理。

其实,幼儿在生活中往往会遇到很多自己不能解决的困难,当遇到麻烦或困难时,孩子们又往往很少有借助团队力量的意识。因此,借助这个绘本小故事来传递大道理:学习相互协作、相互分享和相互谦让。这种经历是幼儿将来应对社会的重要基础,应该让幼儿明白,人与人之间相互帮助、相互团结会比一个人拥有更强大的力量。

二、活动点评

1. 运用多元提问,引发幼儿观察、想象、推理、分析

提问是教师与幼儿之间最直接、最常用的一种交流方式。在"大石头"活动中,激发幼儿合理猜测想象推理并清楚表达是活动的核心。活动中,教师相继提出了一些指向清晰的问题,引发幼儿的思维表达。

- 在一个静悄悄的夜晚,有一块又大又圆的东西轰隆隆地朝田鼠村庄滚了过来,这会是什么呢? 它可能还是什么? ——引导幼儿在观察的基础上,依据物体形象展开想象,进行猜测表达;
- 大石头正好滚进了田鼠们准备造游泳池的大洞里,这下可怎么办呀? 你们有什么好办法? ——在问题情境驱使下,调动起孩子的经验和思维,设想各种办法。
- 大力士、科学家、矿工、魔术师、发明家都很神气地来了,你认为谁最有可能搬走这块大石头? 为什么呢? ——引发幼儿依据职业特点积极开动脑筋,想象、推理并讲述自己的想法和理由。启发他们从不同的角度进行思考,展开讨论。
- 为什么这么多有特殊本领的田鼠都没成功,而田鼠宝宝想的办法却能够成功呢? ——引导幼儿展开分析,凸显人多力量大的道理。

---

* (韩)Hemingway社/编.大石头.郑毅/译.少年儿童出版社,2008.

精准的提问是达到活动效果的重要途径,以上问题分别指向不同目标,通过积极的互动讨论,孩子们对作品内涵有了较为清晰的理解,增强了活动的有效性。

2. 运用多种方法,促进幼儿的感知、体验

● 多形式阅读感知。依据作品特点,教师采用：PPT 集中阅读,导入情境,引发问题→分页自主阅读,自己选择页面,重点阅读,观察细节,表述各自方法与结果→分享阅读,呈现结果,分析缘由,理解内涵。使孩子的阅读重点突出,感知丰满。

● 多方法操作体验。作品中各种职业的田鼠在尝试搬走大石头时,蕴含着多种动作,教师利用这一特点,在活动中能适时引导幼儿用动作进行体验,不仅能对"抬、推、举"等动词有了真实的感受,而且亦感受到一份帮助别人的快乐。

勇敢的克兰西(大班)

东余杭路幼儿园　边恒亮

活动目标

1. 理解故事,感受克兰西乐观、勇敢、善良的性格特征。

2. 能根据图片和问题情境推理判断,用清晰的语言表述自己的想法,并尝试为故事创编结局。

活动准备

绘本《勇敢的克兰西》*,PPT课件,字卡(勇敢、坚强、善良、聪明、有爱心)。

活动过程

一、提出问题,听故事引发兴趣

1. 你们长得像谁呀?（你长得像爸爸还是像妈妈?）

2. 有一头小牛,它长得和爸爸妈妈不一样,看看什么地方不一样?（观察讲述）

【设计意图:从"孩子都长得像自己的爸爸妈妈"这个常规定论引出故事中的克兰西的特殊外表,"白腰牛"村的牛就应该身上有白条呀,可是刚出生的克兰西居然和大家不一样,全身上下都是黑的,这是怎么回事呢? 故事一开头就引起了孩子们的兴趣和关注。】

二、情节展开,看图片猜测故事

1. 发现自己和其他的牛不一样时,克兰西会怎么想? 会怎么做呢?

---

* (澳)拉切·休谟/文·图.勇敢的克兰西.赵静/译.二十一世纪出版社,2009.

（1）克兰西也想和其他牛一样，腰上有白条。于是，它在雪地上打滚，在身上绑白色的带子，在身上洒白糖，还用颜色在身上画白条。（四个画面同时出示，幼儿观察讲述。）

（2）克兰西想了几个办法？它成功了吗？为什么？

【设计意图：在这个环节中，孩子们的观察和思考占了很大的比重，激发幼儿的思维是重点。"克兰西用了哪四个办法"和"这四个办法是否可行"为孩子们提供了足够的思维空间，让孩子们在观察和思考中结合自身的感受、已有的生活经验对故事的情节发展进行推理判断。】

（3）虽然克兰西长得和爸爸妈妈不一样，但爸爸妈妈还是非常爱它。它们说："克兰西，你真是一只聪明的牛。"（出示文字"聪明"）。为什么爸爸妈妈会说克兰西是"聪明"的牛呢？

2. 白腰牛群住在一片贫瘠的牧场上，个个皮包骨头，隔壁的牧场住着肥硕的红背牛群。

（1）两个牧场有什么不一样？两个牛群看上去有什么不一样？（观察图片）

（2）有一些牛想在夜晚悄悄地去隔壁的牧场吃草，但总是被红背牛发现，赶出牧场，为什么？除了……为什么？

（3）克兰西全身都是黑的，他一直能悄悄地去隔壁牧场吃草，白腰牛村的牛都说："克兰西，你真是一只勇敢的牛！"（出示文字"勇敢"）克兰西勇敢在哪里？

3. 时间一长，克兰西越来越强壮。再过不久，有一场摔跤比赛要在白腰牛群和红背牛群中进行，谁赢得了比赛谁就能选择那个水草丰盛的牧场，白腰牛群会选谁参加摔跤比赛？

（1）为了赢得比赛，白腰牛群开始对克兰西进行训练（观察图片）。

（2）摔跤训练看上去苦不苦？什么地方看出来很苦？那克兰西会放弃吗？为什么？你觉得克兰西是一只怎样的牛？（出示幼儿说出的相应文字。）

【设计意图：在这个过程中，幼儿得到的不仅是显性的认知，还有隐性的理解和体验。幼儿通过观察图片，参与式地理解故事情节，对图片的观察和对问题情境的理解是显性的。克兰西在这些过程中体现出的性格特征则是隐性的。教师在前两个环节中，出示了相应的文字：聪明、勇敢，这既是一种暗示，也是一种铺垫，可帮助幼儿在后面用自己的感受和语言来表达对克兰西个性形象的理解。】

三、设置问题，引发不同观点

1. 克兰西能在摔跤比赛中获胜吗？

2. 克兰西获得了摔跤比赛的胜利，接下来发生了什么事呢？

3. 幼儿分组讨论,猜测故事的结尾,并请每组幼儿代表上前来讲述(或表演)。

【设计意图:克兰西不负众望地取得了摔跤比赛的胜利,接下来又会发生什么事呢? 幼儿对故事的理解和故事中角色的情感体验在这个过程中得到了淋漓尽致的发挥,孩子们根据故事情节的发展,积极地猜测结果,思维得到了进一步的拓展,语言表达能力也得到了锻炼。】

四、感悟故事,为故事取名字

1. 你觉得克兰西是一只怎样的牛?
2. 如果要给故事取个名字,你会取什么呢?

【设计意图:克兰西的性格特征涵盖于整个故事情节中,幼儿在前面的环节中对克兰西已经有了一定的认识,所以在最后,幼儿用自己的理解为故事取了相应的名字,有"勇敢的克兰西"、"善良的克兰西"、"好心的克兰西"、"聪明的克兰西" …… 】

设 计 解 析

一、别样的故事情节有利于激发幼儿的兴趣

克兰西是一头特别的牛,它出生在白腰牛村,可是全身上下都是黑的,跟"白腰牛"的称号并不相称! 然而,这一点儿都不影响孩子们对它的喜爱。在整个活动中,孩子们一直被生动而有趣的故事情节所吸引:虽然克兰西受到过一些排斥,但它却一直积极热情地面对一切。它给自己弄上白条的每个办法都充满创意;为了赢得比赛,它坚持进行摔跤训练;在代表白腰牛群的比赛中,克兰西表现得勇敢又出色;当两个牛群发生冲突,它又站出来为大家化解了矛盾,迎来了和平美好的生活……最后牛儿们对克兰西从"另眼相看"变为"刮目相看"。整个故事情节

生动曲折,结局出人意料,但都紧紧抓住了孩子们的心,使他们自始至终能兴趣盎然地观察、倾听与表述。

二、鲜明的角色特征有利于凸显活动价值

克兰西有着我们所喜爱的性格特征:乐观、勇敢、机智、善良……走进这个故事,孩子们感受到了乐观性格带来的幽默和智慧;体会到了坚持带来的收获;也懂得了如何和身边的人相处。人们常说阅读对于心灵的重要性,绝不亚于食物对于身体的重要性。《勇敢的克兰西》这个故事带给孩子的不仅仅是有趣的情节,更充满着真、善、美的心灵与行为的感染,使活动价值得以充分体现。

三、多元的活动设计有利于达成目标

活动中,教师围绕目标,依据故事情节,采用多种教学策略,引导幼儿观察、思考与表述。例如开始环节,并没有像以往那样出示故事的名字,而是让孩子们在倾听故事的过程中感受克兰西的勇敢和善良;在画面共读、仔细倾听的基础上,理解故事,梳理克兰西的良好个性品质,在此基础上才让幼儿给故事取名字。由于有了前期理解的铺垫,孩子们纷纷在取名中给克兰

西冠之以"聪明、勇敢、善良"等品质,呈现出他们对于故事的理解和喜爱。再如,在活动中利用图文结合、讨论、猜测等各种方式引导幼儿观察画面,鼓励幼儿大胆讲述,让幼儿大胆地猜测故事情节,主动表达自己的观点,特别是在第三环节中让幼儿猜测故事结尾并分组表演讲述。此外,教师根据故事情节提出问题,激发了幼儿讲述的愿望,既丰富了幼儿的想象力,又促进了幼儿语言表达能力的发展。这些均推动了目标的达成。

小时候的事（大班）

东余杭路幼儿园　蔡晔

活动目标

1. 通过理解爸爸和儿子间的对话,感受和表述时代不同带来的各种变化。
2. 体验"小时候"的趣味。

活动准备

绘本《小时候的事》*,PPT课件。

活动过程

一、介绍主人公

猜:通过黑白、彩色照片对比,猜测主人公的关系。

这是儿子和爸爸"小时候"的样子——出示字卡:小时候、父子。

【设计意图:教师开门见山地以对比呈现的方式出示儿子和爸爸小时候的照片,让孩子们通过对比观察,推测两人的关系,了解关键词——小时候、父子,为之后理解绘本奠定基础。】

---

* 东方娃娃编辑部/编.小时候的事.东方娃娃,2007(3).

二、理解故事

	孩　子	爸　爸
叫早	闹钟	公鸡
出行	私家车,堵车	毛驴,飞快
朋友	孤独	热闹(弄堂游戏)
天空	纸飞机飞不高	风筝放到云彩上
遛狗	牵绳散步	自由(满村子跑)
游泳	人多像下饺子	自在(抓鱼、摸泥鳅)
彩虹	人造肥皂泡彩虹	雨后的真彩虹
夏天	待在空调房	院子里看萤火虫

重点:凸显爸爸小时候的趣味。

(一)绘本中"小时候的事"

分维度四步呈现图片:

1. 叫早

● 哪张是爸爸小时候,哪张是儿子小时候?

● 现在已经是早上几点了? 你是从哪里看出来的? 平时你们几点起床? 谁准时起床了? 儿子为什么还在睡呢?

【设计意图:选用"叫早"的画面,体现父子小时候所处的时代的不同。让孩子仔细解读画面,运用生活经验充分表达。提问"儿子为什么还在睡?"这个问题旨在让孩子们根据已有经验充分表达各种可能。事实上,孩子们也给出了多种答案——闹钟坏了、昨晚睡得太晚了、可能身体不舒服等等,让更多的孩子参与到讨论中。】

- -

2. 出行

● 出门去玩了,谁会先到达目的地? 为什么?

(汽车速度快但堵车;驴子速度慢却跑得欢畅。)

【设计意图:这个问题涉及两个关键经验——关于汽车和驴子的速度以及对于背景画面的解读。而孩子的回答是基于个体解读信息的完整性以及思维的严密性——汽车肯定比驴子跑得快;驴子跑的地方很空旷,马路上在堵车,可能驴子快;要看堵车的情况怎么样。】

- -

3. 捉迷藏

● 小朋友最喜欢玩,猜一猜,他在玩什么?(局部——整体)凸显弄堂里大家彼此熟悉,一呼百应,热闹无比。

● 玩捉迷藏的爸爸和儿子,谁会更开心?(孤独与热闹)

【设计意图:孩子们连续三次感受到了绘本中"爸爸小时候"的趣味性,几乎一边倒地认定"爸爸更开心",羡慕的神情以及灿烂的表情充分显现了他们此时的所思所想。】

- -

4. 爸爸小时候和儿子小时候玩的还有什么不一样?

游泳、遛狗、放风筝。

【设计意图:此处,让孩子们充分观察画面,根据情境尽情讲述,比较两个时代的不同。教师在引导时,可以更凸显"爸爸小时候"的别样趣味。】

- -

5. 彩虹

● 再来看一张照片,告诉你们:这是爸爸小时候,你们看到什么了?什么时候能看到彩虹?

● 现在你们看得到吗?为什么看不见了?(关注环境)

【设计意图:信息时代的孩子们能充分表述环境污染给城市带来的消极影响——汽车尾气排放、绿地减少、钢筋水泥把天空都遮住了,二氧化碳排放过多,所以"儿子小时候"见不到彩虹了。】

- -

● 彩虹的颜色实在是太漂亮了,实在想看,我们可以——(点击图片)

【设计意图:将生活中和孩子们共同在阳光下吹泡泡的图片纳入,给了孩子们亲切感,也感受到了"现在"的变通之举。】

- -

6. 夏天

● 放歌曲《萤火虫》,你见过吗?什么时候最多?(夏天)

【设计意图:在呈现绘本"爸爸小时候"的趣味时,都以爸爸的话作为小结语,简洁又自然,适宜地传达了作品的信息。】

- -

（二）对绘本"小时候的事"的理解

重点提问：

"爸爸，爸爸，你能带我去你的小时候吗？"小男孩为什么要问这个问题呢？

【设计意图：此问题是对整个绘本的一个提炼，让孩子们明白爸爸小时候"好玩、有趣，和现在不一样"。】

三、联系生活，关注变化

爸爸却说，儿子，我觉得你现在比我小时候更开心呢！

那我们来比比看，比什么呢？

1. "吃、穿、住、行"的比较

吃：丰富的各式餐点VS传统四大金刚

穿：漂亮多彩VS黑白灰色彩、假领子

【设计意图："假领子"的出现在此环节是一个亮点，孩子们猜测"马夹"、"围兜"之后，听教师说有趣的经历——很好看，热了却不敢脱下，因为是"假领子"不美观。孩子们对这个曾经在物资匮乏年代的"时尚用品"产生了兴趣。】

行：步行、自行车VS地铁交通的发展（出行方式选择多）

玩：弄堂游戏、跳皮筋VS芭比娃娃、变形金刚

【设计意图：现场一段"马兰花"的皮筋表演秀，让孩子们惊喜。课后更是引起了一阵"皮筋运动热潮"，孩子们对"爸爸小时候"的游戏产生了兴趣和向往。】

---

2. 辩证讨论"你喜欢谁的小时候？"

（引导孩子站在辩证的角度上看问题。）

【设计意图：通过讨论可以看出，不同孩子在接纳了众多信息之后的个体化认定——喜欢儿子小时候的理由：选择多、开心、玩具想要就有、方便；喜欢爸爸小时候的理由：有劲、开心、不用念补习班。无论是何种选择，都是被认可的。此环节重在让幼儿大胆表述，交流多种想法。】

小 结

爸爸小时候有许多充满童趣的回忆,儿子也有许多爸爸没有享受到的舒适、丰富。小时候,总是让人回味,让人喜欢,每个人的小时候都有许多不同的乐趣。

四、感受共同的热爱

有什么爸爸小时候也喜欢做,你们现在也喜欢做的事吗?

"游戏"

重温沪语游戏《炒黄豆》、《官兵捉强盗》、《金锁银锁》、《跳房子》等。

【设计意图:用家乡话玩游戏,是对语言的重温与复习,他们三三两两地玩着"小时候"都喜欢的游戏,感受着"小时候"的快乐……】

活动解析

辩证的思考,客观的解读

一看到《东方娃娃》上的这个绘本故事,立刻被"对比呈现爸爸小时候和儿子小时候的生活状态"的故事内容所吸引,画面简洁明了,并且折射出的是近二三十年以来社会的进步与发展,正吻合近期开展的《我们的城市》这个主题。所以,几乎是一见钟情、一锤定音,选择以这个绘本故事开展活动。但是,绘本以"爸爸,爸爸,你能带我去你的小时候吗?"结束,让孩子对"爸爸小时候"充满无限向往,却忽视了现在的美好时光,所以"辩证"一词又跳入了我的脑海,提出"儿子,我觉得你现在比我更开心呢!"的话语,希望孩子们除了了解"爸爸小时候"的趣味,同时也要能感受到现在"我"小时候的丰富、多元、先进,用一种更为客观、辩证的眼光去感受、体验、辨析、评价。

综合以上想法,最终呈现了以"绘本感受爸爸小时候的趣味——比一比的方式感受两个时代的不同变化——个性化的评价——两个时代共同的爱好"为流程的活动。活动中,借助图片、音乐、现场皮筋秀,让孩子们获得不同的信息,从同一维度比较、辨析生活状态中的某一方面,感受不同时代的不同变化。

绘本的对比呈现方式,简洁、具体地传达了"爸爸小时候"和"儿子小时候"所处两个时代的"不同"。顺应绘本,进行了顺序上的一些调整,便于孩子们从具体到抽象、从经验充足到信息补充,更为完整地感受、理解,进而判断,产生自己的价值观。活动中流程清晰,环节设计层层展开,问题的呈现也是从不同的点进入,多点关注。所以,现场看到孩子们是有话可说的,并且根据问题的呈现有交流、有讨论、有共识达成。

因为活动的设计充分尊重了孩子的年龄特点,把握了他们的已有经验和最近发展区,所以活动中教师与孩子的互动流畅,有引导、有梳理、有提升,充分体现了"趣"字。对比不同的时代环节,从吃、穿、行、玩四个维度去对比,也看得出孩子们的投入、兴致高昂以及跃跃欲试。在活动的最后环节,没有标准答案,只要孩子能说出自己的观点并且用合理的理由去支撑,都是被认同的。对真理的探究,不仅依赖于对事实的尊重,更离不开科学、客观的态度。人的思想一旦被各种条条框框所桎梏,如何去发现探究并抵达那未被发现的世界?又如何能创造未来?这,恐怕是本活动的深层价值所在。

不拘泥于绘本,而是依托绘本,在绘本的情节情景中开展教学,使孩子在活动体验中,既加深对文学作品的思想的理解,又完成逻辑判断上的感知,更提高孩子们的语言表达能力。此时的教学,拓展了绘本的教育空间,提升了绘本的价值,也润物细无声地让孩子们感受到了"客观、辩证"的思维态度和思维品质。

教师应该拥有自己的思想和主张。而思想来自对教育行为的反思与实践,主张来自对社会教育价值的实现和孩子发展规律的认同。因此,除了不断的自我学习,我们还可以从绘本,从周围发生的事件甚至从别人的质疑中获得思想的动力和源泉,获得活动的素材和灵感。

附故事:《小时候的事》

爸爸,小闹钟怎么不叫了?

儿子,爸爸小时候可不用闹钟,院子里的大公鸡喔喔喔一叫,爸爸就起床出去玩喽!

爸爸,我们的车怎么开得这么慢?

儿子,爸爸小时候骑着毛驴出去玩,只要抖抖胡萝卜,小毛驴就跑得飞快,得儿——驾!

爸爸,这楼里有没有别的小朋友?

儿子,爸爸小时候伙伴可多啦!大家在弄堂里"躲猫猫",有一个地方好难找,所以爸爸是冠军!

爸爸,我的纸飞机为什么飞不远也飞不高?

儿子,爸爸小时候能把风筝放到云彩上!

爸爸,小狗是不是想出去散步?

儿子,爸爸小时候大狗满院子跑,那才叫带劲儿呢!

爸爸,游泳池太挤,我都游不动了。

儿子,爸爸小时候就在家门口的河里一边游泳,一边抓鱼摸泥鳅,还被大螃蟹夹过手指头呢!

爸爸,老师教我们用肥皂水吹泡泡,泡泡上有小小的彩虹。

儿子,爸爸小时候,每次雨一停,就能看到很长很长的彩虹,长到天的那一头!

爸爸,空调房间真闷啊!

儿子,爸爸小时候铺张凉席在院子里,躺下来数天上的星星。萤火虫飞得到处都是,分不清谁是萤火虫,谁是星星,数着数着就睡着啦……

爸爸!爸爸!你能带我去你的小时候吗?